CW01677530

DRUKS

francien regelink

DRUKS

mijn (on)rustige leven met ad(h)d

Blossom Books

Vertel de wereld wat je vindt van #Druks
Vind de auteur: @francienregelink
Vind de uitgever: @blossombooks

NUR 770, 863/W062104
© 2020 Blossom Books
© 2020 Francien Regelink i.s.m. Marloes Berghege
Omslagfoto en omslagontwerp: Bianca Toeps
Visagie omslagfoto: Charlotte van Beusekom
Foto binnenzijde omslag: © Duy Vu Dinh
Opmaak binnenwerk: Studio L.E.O.
In dit boek wordt geciteerd uit de DSM-5. Daarvoor is de volgende editie geraadpleegd: American Psychiatric Association, *Handboek voor de classificatie van psychische stoornissen* (DSM-5), Nederlandse vertaling van *Diagnostic and Statistical Manual of Mental Disorders*, fifth edition. Amsterdam: Uitgeverij Boom, 2014. 1e druk.
Alle rechten voorbehouden, inclusief het recht van reproductie in zijn geheel of in gedeelten, in welke vorm dan ook.

Wil je ons iets vragen of vertellen? Dat kan! Stuur een mailtje naar info@blossombooks.nl of vind ons op blossombooks.nl

Voor mijn ouders.

(Pap en mam, sla alsjeblieft 'Natte Poes' over…)

‘als ik naar de dieren kijk
denk ik wat zijn dieren rijk
omdat wij in hun dierenbrein
allen gelijkwaardig zijn’

– René Oskam

Inhoudsopgave

Voorwoord

Spoileralert: dit boek gaat niet (enkel) over drugs.

Ook al doet de cover dat misschien wel vermoeden, zo op het eerste gezicht. Dat is mijn gezicht trouwens, dat op de cover. Hoi. Aangenaam kennis te maken. Ik ga door het leven als Francien (die van 'Laat je tieten nog eens zien') Regelink.

Geen xtc op mijn tong dus. Nee, die pil op mijn tong staat symbool voor de vraag die me het meest gesteld wordt als mensen me voor het eerst ontmoeten: heb jij je pilletje wel geslikt? Zeggen ze het niet hardop, dan denken ze het wel. Niet geheel ongegrond, moet ik toegeven, want ik kan inderdaad nogal 'druk' overkomen. En dan kan een pilletje weleens helpen.

Spoileralert nummer twee: IK HEB AD(H)D.

Ik ben dus niet zomaar druk en het zijn geen pilletjes die ik onderhands op een festival koop, maar ik heb ze soms nodig om mijn denkdiarree tot rust te manen. En volgens velen kan ik om die reden niet luisteren, lezen, rustig (aan) doen, een studie afronden, een boek schrijven, rekeningen op tijd betalen en een baan behouden. Normaal doen, zeg maar.

Spoileralert nummer drie: IK KAN AL HET BOVENSTAANDE PRIMA, EN IK KAN NOG VEEL MEER!

Dit boek is een peptalk voor iedereen die dealt met AD(H)D. Ik kan het, en ik ben vast/echt/heus niet de enige. Bovendien: je kijkt nu met eigen ogen naar het bewijs dat het kan, want mijn boek is af en het ligt in jouw handen!

Het was voor mij best een uitdaging om dit boek te schrijven. Ik heb een totale writer's block gehad, talloze dingen geschreven, de meerderheid weer de prullenbak in gegooid en de deadline is minstens honderd keer verschoven. Dat is oké. Vallen doe ik door mijn AD(H)D zo vaak. Zó vaak dat ik extreem snel heb leren opstaan. Lukt het de eerste keer niet, dan heb ik in ieder geval voldoende energie om het opnieuw te proberen. Maarten van der Weijden gaf toch ook niet op na zijn eerste recordpoging om de Elfstedentocht te zwemmen? Onlangs maakte hij zich zelfs op voor zijn derde wereldrecordpoging 24 uur zwemmen: 'Als het de eerste twee keer niet lukt mag je het ook nog een derde keer proberen,' zo zei hij in het AD.

Het aantal pogingen doet er niet toe. Mijn boek is nu af. Daar gaat het om. Lintje erom, niets meer aan doen.

Het idee voor dit boek zat al jaren in mijn hoofd. Ik heb ook al eerder een verwoede poging gedaan om het te schrijven. Maar die eerste keer zag mijn toenmalige manager (zonder AD(H)D) daar niets in en voelde de behoefte om dat te delen. 'Van je AD(H)D moet je geen trademark willen maken, je bent toch veel meer dan dat?' Dat klopt, dus heb ik daar toen naar geluisterd. Totdat ik inzag dat mijn AD(H)D mij juist heel ver heeft gebracht. Zo ver, dat ik graag 'mijn manier' van ermee omgaan met de wereld wil delen om iedereen te laten zien dat AD(H)D ook je superpower kan zijn. Ik vind dat etiket helemaal niet erg. Het plakt zelfs zeer goed op mijn voorhoofd.

Ik heb lange tijd niet geweten dat ik AD(H)D had. Ik wist alleen dat ik anders was. In mijn drieëndertig jaar op deze aarde zocht en vond ik mijn eigen manieren om mee te draaien in een maatschappij die eigenlijk niet voor mij gemaakt is. Ik bereik mijn doelen op geheel eigen wijze. Soms langzaam, soms anders, soms met hulp en sowieso met te veel *speed*, maar ik bereik ze altijd! In dit (open) boek leg ik mijn (on)rustige leven met AD(H)D bloot. Deze keer dus niet mijn tieten, maar mijn AD(H)D. Ik word volwassen.

Als een echte AD(H)D'er heb ik dit boek in compleet willekeurige volgorde geschreven. Daarna heb ik de verschillende hoofd stukken ondergebracht in vijf grote categorieën. Laat je door die willekeur niet misleiden, want deze onderwerpen zijn zeker niet lukraak gekozen. Dit zijn onderwerpen die in mijn leven heel groot zijn, maar ik realiseer me heel goed dat mijn AD(H)D niet die van iemand anders is. Toch hoop ik door juist mijn eigen leven te omschrijven, jou als lezer een beter beeld te geven van hoe dat (on)rustige leven met AD(H)D dan precies is.

Genoeg geluld. Ik wens je veel plezier toe bij het lezen van DRUKS. Hopelijk gaat jouw hoofd iets minder stuk bij het lezen, dan het mijne tijdens het schrijven van de ‘hoofd stukken’. Pun intended.

DEEL 1

AD(H)D, wat is dat?

Er was eens een meisje dat het net even allemaal anders zag, voelde en deed

Ik zit in groep vier. Vol goede moed en zin wil ik de tafels leren. Voor elke goed opgedreunde tafel ontvang ik namelijk een sticker. Een prachtbeloning. Ik ben bereid er ver voor te gaan. Maar na een week begrijp ik nog steeds niet hoe de tafel van 0 in elkaar steekt. Laat staan de tafel van 1. Ik zie er geen enkele logica in. De rest van mijn klasgenootjes is al ver voorbij de tafel van 0 en in het bezit van minimaal drie stickers. Achter mijn naam prijkt er nog steeds geen. Ik snap het niet.

Groep vijf. Ik ben linkshandig en daardoor altijd in gevecht met mijn vulpen. Klasgenootje Eline beschikt over een jaloersmakend handschrift met dito schrijfschrift. Ze maakt de mooiste lussen en krullen. Ik daarentegen schrijf klein en lelijk en mijn handpalm maakt keer op keer een blauwe waas van mijn geschreven woorden. Rapport na rapport ontvang ik een 6½ voor mijn schrijfkunsten. De rest van mijn rapportcijfers reikt ook nooit hoger dan de 7½. Het frustreert me, want ik doe wel mijn best. Ik besluit dus het heft in eigen handen te nemen en maak van die (eeuwige) 6½ een prachtige 8½. Mijn tekenkunsten laten me in ieder geval nooit in de steek. Met trots toon ik mijn nieuw verworven eerste 'echte' 8½ aan mijn ouders en opa's en oma's. Ik krijg vijf gulden als beloning. Als ik na twee weken het lichtblauwe rapport weer inlever bij meester Gerrit, blijkt hij het originele exemplaar in zijn bezit te hebben. Ik val door de mand. Valsheid in geschrifte. Op de eerstvolgende ouderavond worden mijn rapport en mijn actie besproken. Ik word op het matje geroepen door mijn ouders. Boos? Teleurgesteld? Nee. Tot mijn verbazing wordt mijn vindingrijkheid geprezen. Straf blijft om die reden dan ook uit.

Ik ben negen jaar en kook iedere woensdagmiddag bij een kookclub. We gaan per paar twaalf pannenkoeken bakken. Het water loopt me bij het idee al in de mond. Het recept staat in mijn werkboek. Ik lees wel dat ik 1 liter melk nodig heb, maar ik registreer het niet. Dus ik pak een literpak melk en een maatbeker... Begrijpend lezen? Niet mijn ding.

Ik ben vijftien jaar en wil verkering met een jongen van school. Op MSN Messenger vraagt hij om een foto van mijn borsten. Ik zie mijn kans schoon. Dit zou weleens een dikke, vette verkering kunnen opleveren. Met mijn nieuwe webcam maak ik een foto en stuur hem mijn borsten per mail. De verkering blijft uit. Niet veel later ga ik door het leven als een bekende Gelderse onder de artiestennaam 'Francien laat je tieten nog eens zien'.

Ik ben vierentwintig jaar en zit in het derde jaar Communicatiemanagement aan de Hogeschool Utrecht. Ik bevind mij in een hoorcollege statistiek. Ik ben niet eerder in aanraking gekomen met statistiek. Ik merk dat ik de enige ben die niets begrijpt van wat er uitgelegd wordt. Ik wil continu vragen stellen, maar wil ook niemand tot last zijn met mijn onkunde. Om die reden stel ik ze niet, maar barst ik in tranen uit. Het tentamen haal ik uiteindelijk door de mazzel dat de oefentoets overeenkomt met de echte toets.

Ik ben zevenentwintig jaar en als ik mijn collega slash vriendin tegenkom bij een receptie, voel ik meteen dat er iets niet klopt. Nog voordat ze met een woord over haar liefdesverdriet heeft gerept, weet ik al wat er aan de hand is en neem ik haar apart. De tranen rollen over haar wangen. Ik wist niet eens dat er een liefde in haar leven was, maar mijn voelsprieten zijn extra gevoelig voor emoties en pijn.

Ik ben drieëndertig jaar. Ik ben niet standaard. Ik doe de dingen meestal en liever anders. Maar uiteindelijk kom ik er altijd. Soms is de logica voor mij ver te zoeken. Juist als dingen heel logisch zijn. In onlogica ben ik dan weer gespecialiseerd. Gelukkig maar, want daar verdien ik ook mijn geld mee. Mijn hart klopt vaak harder dan mijn hoofd. Ik ben gevoelig, voel dingen haarfijn aan. Ik zie de dingen anders. En ik ben opvallend mezelf.

HOOFDSTUK

Naar de dierenarts

Over de diagnose

‘Op grond van de uit het onderzoek naar voren gekomen gegevens willen we concluderen dat Francien over (zeer) matige intellectuele vaardigheden kan beschikken. De geheugenfunctie is ruim gemiddeld, het verbale begrip is matig, de informatieverwerking is matig en de ruimtelijke factor is zeer wisselend. [...] De fijne motoriek geeft een onrijpe sensormotoriek, bij de ruimtelijke oriëntatie is extra hulp via fysiotherapie gewenst, zo mogelijk 1x per week tot medio groep drie. Sociaal-emotioneel is het een lief, aanhankelijk en voldoende spontaan meisje met een ruime beweeglijkheid en korte aandachtsspanne, dat soms haar opgekropte ‘onrust’ in harde gilletjes en druk gedrag uit. Ze is voldoende te motiveren, maar het structureren van taken is noodzakelijk om haar optimaal te laten presteren. [...] Het is zeer gewenst dat de inzet van thuis niet te veel op het schoolmeesteren gericht wordt en dat bedacht moet worden dat ze zich anders ontwikkelt dan haar oudere broer.’

– *Orthopedagoog in groep 2*

Ik begin mijn verhaal over AD(H)D bij het begin: de diagnose. Vanaf dat moment is mijn verhaal er namelijk eentje mét AD(H)D. Daarvoor ben ik volgens mijn ouders vooral 'gewoon Francien'. Toch begint dat 'gewoon Francien'-zijn in de adolescentie vragen bij me op te roepen. Want waarom kan ik me niet concentreren en ben ik zo snel afgeleid? Waarom krijg ik alleen iets gedaan als de deadline nadert? Waarom kosten sommige ogenschijnlijk makkelijke handelingen mij zo veel moeite? En waarom lijken emoties mij zo extreem hard te raken? Het zijn vragen die ik niet zelf kan beantwoorden. En als ik de antwoorden dan toch vind of krijg, lijken ze allemaal verband te houden met iets wat op AD(H)D lijkt.

De eerste stap

Ik doe niets met mijn vragen en vermoedens, totdat ik begin twintig ben. 'Ik denk dat ik AD(H)D heb,' zeg ik dan voor het eerst hardop tegen mijn vriendin Annika. Zij is orthopedagoge. Klinkt moeilijk en medisch, dus zij weet vast raad. 'Ik krijg mijn werk niet gedaan binnen de gestelde werktijden, word continu afgeleid door alles en iedereen, vergeet waar ik ook alweer mee bezig was, begin dan aan een nieuwe taak om vervolgens ingehaald te worden door die vergeten taak. En vaak is het dan al te laat. Nu heb alleen ík er nog last van, maar het gaat niet lang meer duren voordat ik tegen de lamp loop. Wat moet ik doen om een diagnose te krijgen?' vraag ik.

Annika zegt dat ik mijn huisarts moet vragen om een doorverwijzing. Ze is benieuwd waarom ik juist nu onderzoek wil laten doen.

'Ik ben bang dat ik anders mijn baan verlies,' antwoord ik. Ik heb hulp nodig.

Signalen op de werkvloer

Ik ben destijds drieëntwintig jaar en net begonnen aan mijn eerste officiële baan als projectmanager en communicatiemedewerkster bij een guerrillamarketingbureau in Amsterdam. Een hele bek vol. Laat ik het erop houden dat het doel van mijn functie is om spraakmakende boodschappen te verspreiden. Op het moment dat je het het minst verwacht, kom ik samen met mijn team met de meest uiteenlopende concepten op de proppen om je aandacht te vangen. Denk aan vlaggetjes plaatsen in de hondenpoep, Nederlands grootste kussengevecht ooit organiseren, een maand lang neushoorndrollen verzamelen bij Beekse Bergen en uitsturen naar de pers als invite om op zoek te gaan naar sporen van de big five in Nederland. Je kunt het zo gek niet bedenken – ik dus wel – en ik doe het.

Op die werkvloer wordt pijnlijk duidelijk dat er iets met me aan de hand is. Ja, vijfduizend windmolentjes plaatsen op Museumplein zonder vergunning gaat me prima af. Alleen zit ik voor deze job ook deels op kantoor om dingen uit te zoeken en te regelen, dat doen die windmolentjes namelijk niet zelf. Dat stilzitten is echter niets voor mij, want dan ga ik te veel in mijn hoofd zitten. Als ik dingen *on the go* doe, heb ik minder tijd om te over-denken en onzeker te worden over of ik iets wel kan. Zet mij achter een bureau en ik krijg stress. Om die interne stress maar niet te hoeven voelen is er voor mij maar één oplossing: opstaan van mijn plek en lekker met collega's lullen. Ik laat mij dan door alles en iedereen afleiden – iets wat mij heel natuurlijk afgaat. Hierdoor komt er weer niets uit mijn handen. Met als resultaat? Nog meer stress. Stress als iemand mij vraagt waar het draaiboek blijft. Stress als iemand informeert hoe het ervoor staat met een bestelling die ik vergeten ben te maken. Stress bij een simpele taak, zoals het vervangen van de kleurencartridge van de printer. Stressen om alles, omdat het vervangen van een cartridge even belangrijk voelt als het aanleveren van dat verdomde draaiboek. Mijn hoofd maakt daarin namelijk geen onderscheid. En de taken zelf kan ik ook niet overzien. Het proces van een cartridge vervangen is in mijn hoofd bij voorbaat al onmogelijk. Want hoewel de stappen simpel ogen, lijk ik de logica niet te begrijpen. En een draaiboek schrijven is te omvangrijk. Ik kan het proces niet opdelen in kleine handelingen die tezamen het geheel vormen. Bij het structureren heb ik hulp nodig. Staat die structuur? Dan is het appeltje-eitje. Maar dan moet je wel om hulp durven vragen en precies dat durf ik lang niet altijd.

Inmiddels begint mijn werk eronder te lijden. Want dat uitstelgedrag van opstaan, snacken en lullen met anderen zorgt ervoor dat ik alles niet meer op tijd afkrijg. Ik heb de gunfactor waardoor enkele collega's in mijn afwezigheid de door mij ontstane problemen oplossen. Fijn, maar collegiaal of professioneel voelt dat niet. Dus is het nu tijd om naar de huisarts te gaan voor die doorverwijzing.

Geen doorverwijzing, wel Ritalin

Ik heb de alleraardigste huisarts die je je maar kunt bedenken. In Gorssel, dat wel, dus ik ben er speciaal voor afgereisd vanuit Amsterdam. Helaas is de beste man met vakantie en krijg ik te maken met een vervanger. Ik doe mijn verhaal en zeg daarbij nadrukkelijk dat ik kom voor een doorverwijzing. De vervanger geeft aan dat dat niet nodig is. Geen idee waarom en ik vraag ook niet verder. Als ik wil schrijft hij me Ritalin voor, om uit te testen. Ik wil het wel proberen. Het idee is simpel: slaat de Ritalin aan, dan heb ik AD(H)D. En anders, nou ja, dan heb ik een keer Ritalin geprobeerd. Een doorverwijzing krijg ik niet. De medicatie krijg ik direct mee bij de balie.

Met de bus reis ik terug naar het station om meteen terug naar Amsterdam te gaan. Op het station koop ik een flesje water. Ik heb die ochtend niet ontbeten en ook nu laat ik eten links liggen. De bijsluiter van mijn nieuwe medicatie lees ik niet en nog voordat de trein het station binnenrijdt heb ik mijn eerste pil Ritalin achter de kiezen.

IK HEB AD(H)D!

Vanuit de trein bel ik Annika om haar het blijde nieuws mede te delen. 'Ik heb waarschijnlijk AD(H)D!' vertel ik haar. 'En ik heb net Ritalin geslikt.'

'Francien, dit is te gek voor woorden,' zegt ze.

'Vind ik ook!' antwoord ik.

'Nee, zo bedoel ik het totaal niet!'

En terwijl ik met haar bel slaat de Ritalin opeens in als een bom. De druk op mijn ogen neemt enorm toe en ik krijg een droge mond waar niet tegenop te drinken valt. Ik word er vooral heel high van.

Annika is met stomheid geslagen dat de medicatie zomaar is gegeven, zonder daarbij eerst een doorverwijzing te krijgen naar een aangewezen specialist, die dit eigenlijk eerst moet onderzoeken en diagnosticeren.

De verdere treinreis en overstapmomenten vliegen aan me voorbij. Ik ga niet langs huis, maar linea recta door naar mijn werk. Als ik het kantoor binnenloop voel ik me gedesoriënteerd. Ik ga aan mijn bureau zitten. Niemand heeft iets door.

Er komt een telefoontje binnen dat voor mij bestemd is. Mijn team van uitvoerders heeft ter promotie van een nog te bouwen nieuwbouwproject groene, rode en blauwe sjaaltjes opgehangen aan bomen langs een provinciale weg die uitkomt bij de nog te bouwen wijk. Geen enkele boom is overgeslagen. Iemand van de gemeente belt, nadat ze ons door de nodige lokale media-aandacht rondom de raadselachtige versieringen op het spoor zijn gekomen. Hij stelt zich netjes voor en complimenteert ons met deze sympathieke actie. Maar we hebben geen toestemming gevraagd voor het aanbrengen van de sjaaltjes, laat staan een vergunning. En het is ook niet bekend wie de sjaaltjes nadien weghaalt. Ik hoor inmiddels niet meer wat hij zegt. Hij lijkt zo ver weg te zijn, en dat terwijl de hoorn nog gewoon tegen mijn oor gedrukt is.

Dit ligt niet aan de verbinding. Het ligt aan de kortsluiting in mijn kop, mijn hoofd is stuk. Mijn gezicht begint te tintelen. De collega die tegenover mij zit kijkt mij aan met een 'ga je lekker, Frans'-blik. Zonder iets te zeggen geef ik haar de hoorn. Ze pakt 'm zonder protesteren over en ik hoor haar zeggen: 'Francien belt u morgen even terug.' Zelf weet ik even niet meer waar ik het zoeken moet. Ik leg mijn collega uit dat ik medicatie heb genomen en dat die niet helemaal goed lijkt te vallen. Mijn klieren zijn inmiddels ook opgezet.

Ik bel mijn moeder, die verpleegkundige is. 'Mam, ik ben vanochtend bij de huisarts geweest en heb medicatie gekregen voor mijn AD(H)D,' begin ik.

'Je ging toch voor een doorverwijzing, hoe kom je dan aan medicatie?' zegt ze verontrust.

Ik vertel haar het verhaal en leg uit dat ik op dit moment high ben, dat mijn gezicht tintelt en dat ik continu dorst heb. Ze beveelt mij direct de huisarts te bellen. Niet veel later hang ik met de doktersassistente aan de lijn. Ik beschrijf wat er die ochtend is gebeurd en wat ik nu ervaar. Ze gaat overleggen met de plaatsvervangend huisarts en belt mij binnen vijftien minuten terug. Vier minuten later heb ik de plaatsvervangend huisarts zelf aan de lijn. Hij vermoedt een allergische reactie. Ik moet de medicatie niet meer innemen en rustig ergens gaan zitten totdat die is uitgewerkt.

Top. Tot zover de Ritalin-test. Maar heb ik nou AD(H)D of niet?

Mijn officiële diagnose

Voordat ik weer actie onderneem, gaat er nog een hele baan overheen met soortgelijke frustraties van onafgemaakte taken en niet bereikte doelen. Via Google kom ik uit bij The Busy People (nu bekend als de Dokter Bosman Kliniek), een kliniek gespecialiseerd in behandeling van AD(H)D, ADD, het autismespectrum, PDD-NOS en ODD. Ik bel zelf voor een afspraak en regel telefonisch de benodigde doorverwijzing van mijn huisarts.

Het is woensdag 4 december 2013 als ik voor het eerst de wachtkamer van The Busy People binnenloop. Ik ben dan zevenentwintig jaar. Ik word begroet door receptionist Gijs. Hij stelt me direct op mijn gemak en zegt dat ik mag plaatsnemen in de wachtkamer. Er zitten best veel mensen te wachten. Ouders met kinderen, volwassenen, jongvolwassenen en ik. Vandaag heb ik mijn intakegesprek.

Op donderdag 12 december ben ik er weer. Ditmaal voor een lichamelijke screening. En dan, op 14 januari 2014, worden mijn vermoedens bevestigd door een gespecialiseerde AD(H)D-arts. Een reeks van gesprekken (met mij, maar ook met mijn ouders), vragenlijsten ingevuld door mijn vrienden en een medische keuring hebben het allemaal uitgewezen: ik heb AD(H)D. Het gecombineerde type. Zowel de problemen van het onoplettende als het hyperactieve type zijn bij mij aanwezig.

Op basis van mijn diagnose krijg ik een groep specialisten toegewezen. Een orthopedagoog als chef behandeling met wie ik het behandelplan doorneem. Een structuurcoach die zich gek genoeg niet richt op structuur, maar op de onderlinge relaties die ik (niet) heb en (niet) onderhoud met familie, vrienden en collega's. En tot slot een *daily activity coach* die mijn leefpatronen onderzoekt en kijkt of er aanpassingen gemaakt moeten worden en hoe ik de handvatten die ik aangereikt krijg kan toepassen in mijn dagelijks leven. Naast die drie krijg ik ook nog een psycholoog. Dat is niet noodzakelijk, omdat het relatief goed gaat. Maar ze willen wel wat gesprekken om vast te stellen of dat ook daadwerkelijk zo is. Tot slot wordt er ook een beroep gedaan op een arts om te kijken of medicatie nodig is. En zo ja, welke medicatie dit moet worden. Ook zal hij bijhouden hoe mijn lichaam en geest daarop reageren. De Ritalin, die ik al gehad heb, kan in ieder geval van het lijstje.

Nu de officiële diagnose er is, staat mijn agenda vol met afspraken bij The Busy People. Dat is soms even slikken, maar het voelt ook heel goed om hieraan te werken. Negen van de tien keer zorgt mijn AD(H)D ervoor dat ik het heel ver schop in het leven, maar net die ene keer kan het voor die andere negen verzieken. Ik weet dat ik er nog niet ben en dat ik nog heel veel dingen moet leren om het beste uit mijzelf te halen, maar ik voel me goed en ben blij om te zeggen dat ik op de goede weg ben.

Flashforward naar nu

Vandaag de dag geeft de diagnose mij inzicht in mijn eigen handelen. Maar eerlijk is eerlijk; soms gebruik ik die ook als excuus om iets niet te hoeven doen, omdat het me bij voorbaat al te veel moeite lijkt te kosten. Terwijl ik weet dat ik het vaak wel kan als ik er eenmaal mee bezig ben. Ik denk dat mijn ouders altijd al het dichtste bij hebben gezeten qua diagnose: druk, maar wel gewoon Francien. Ze doet het op haar eigen manier en komt er dan net zo goed.

HOOFDSTUK

Hallo meneer de Uil

Over AD(H)D: wat is dat nou precies?

'I haven't failed
I've just found
10.000 ways
that won't work.'

– Thomas Edison

Dan komt nu mijn favoriete onderdeel van het boek. Grapje! Dit hoofd stuk heb ik zo lang mogelijk voor mij uit geschoven, totdat ik er écht niet meer onderuit kon. Het niet schrijven was geen optie, want: 'Francien, als je een boek over AD(H)D gaat schrijven, moet daar ook een goede omschrijving in van wat AD(H)D precies is.' Snap ik ook. Ik kreeg het alleen niet uit de pen. Of in ieder geval niet duidelijk. Het is misschien ook niet heel handig om iemand die het moeilijk vindt om hoofd- van bijzaken te onderscheiden, even kort en bondig uiteen te laten zetten wat AD(H)D nou precies is. Dus na heel wat pogingen en stress, was het tijd om het over een andere boeg te gooien. In het dagelijks leven vraag ik zo vaak om hulp (hier later meer over in het hoofd stuk Kuddedieren), dus waarom nu niet? Eens een kuddedier, altijd een kuddedier. Ik besloot dus dat er een expert aan dit boek moest worden toegevoegd. En daarvoor kon ik, in mijn ogen, maar bij één persoon aankloppen.

Toen ik vermoedde dat ik weleens AD(H)D zou kunnen hebben, bestelde ik het boek *ADHD: Hoe haal je het uít je hoofd?*. Het is geschreven door Cathelijne Wildervanck, AD(H)D-coach en directeur van ADHD-Nederland. Wat ik met het bestellen van het boek precies zocht wist ik niet. Maar ik vond herkenning. Herkenning in het anders-zijn. Het met de beste bedoelingen goed willen doen en dan toch compleet falen. En ook het hoge pieken, dat het falen overschaduwt. Cathelijne maakte het voor mij allemaal een stuk duidelijker. En niet alleen dat, in haar boek is AD(H)D niet per definitie iets slechts. En laat dat nou net ook mijn mening zijn, en ook de vibe die ik met mijn boek graag wil creëren. Daarom stuurde ik Cathelijne een mail. Gelukkig was ze meteen enthousiast. Dus in plaats van mijn uitleg over AD(H)D, vergelijkbaar met een kots aan informatie, komt er nu een duidelijk verhaal van Cathelijne. En nog een extra bonus: Cathelijne komt aan het eind van elk deel steeds terug met haar expertvisie.

Cathelijne, the stage is yours!

Het vorige hoofd stuk gaf al een geweldige inkijk in het hoofd en leven van Francien. Het gevoel dat je het altijd nét even anders doet dan de rest van de wereld, en dat dit vaak totaal niet begrepen of gewaardeerd wordt, is misschien herkenbaar. Veel mensen met AD(H)D hebben geprobeerd in het hokje te leven zoals ze denken dat de wereld van ze verwacht en hebben zo niet hun volledige kwaliteiten benut. Mijn ervaring is dat proberen iemand te zijn die je eigenlijk niet bent nog veel grotere problemen geeft dan zijn wie je bent en te dealen met de reuring die daar soms bij komt kijken. Ik zie in Francien iemand die dát voor elkaar heeft gekregen: jezelf zijn én succesvol zijn. Het kan samengaan, het gaat alleen niet altijd vanzelf! Maar laten we eerst teruggaan naar de basis: wat ís AD(H)D nou eigenlijk?

Dit is AD(H)D

AD(H)D staat voor *Attention Deficit Hyperactivity Disorder*. Kort gezegd houdt het in dat iemand het zo druk heeft in zijn hoofd dat er weinig meer bij kan. Het hoofd is zo vol dat er daardoor bijvoorbeeld weinig ruimte over is voor (school)werk. Of iemand heeft niet altijd door wat er tegen hem of haar gezegd wordt of wat er van hem of haar verwacht wordt. Of gaat over grenzen van anderen heen omdat er geen ruimte meer is in het hoofd voor het aanvoelen en invullen van wensen en gevoelens van anderen. Het komt ook voor dat doordat iemand zo veel bezig is met het managen van alle prikkels in het hoofd, hij of zij niet meer goed doorheeft wat de rest van het lichaam doet. Met gevolgen als struikelen, dingen laten vallen en niet in de gaten hebben dat je honger hebt. Ook kan het zijn dat iemand zelf ook wat gek wordt van al die drukte in het hoofd en zich onbedoeld afreageert, en dus een nogal kort lontje heeft. Verder zijn veel mensen met AD(H)D wat je noemt '*triggerhappy*': er hoeft maar iets te gebeuren en ze schieten in actie, snel en vaak ook ondoordacht.

ADD is een variant waarbij de H van Hyperactiviteit ontbreekt. Het verschil tussen ADHD en ADD is dat bij ADD die drukte in het hoofd vanbuiten niet zo zichtbaar is in gedrag (onhandig, druk, snel gedrag). Oftewel: iemand heeft het wel heel druk vanbinnen maar aan de buitenkant is dat niet zo te merken. In de officiële diagnostiek is ADD iets heel anders dan ADHD, maar in de praktijk merk ik dat het gedrag misschien anders is, de onmacht van zo veel gedoe en reuring vanbinnen is hetzelfde. Wel is het zo dat ADD veel minder snel wordt opgemerkt. Je komt hooguit wat dromerig en afwezig over, maar dat wordt minder storend gevonden.

Omdat we het in dit boek zowel over ADHD als over ADD of een combinatie daarvan hebben, gebruiken we voor de volledigheid de term AD(H)D.

AD(H)D: drie grote groepen symptomen

De fundamentele eigenschappen van AD(H)D zijn te clusteren in drie groepen symptomen:

Aandachtsproblemen: korte spanningsboog hebben, snel afgeleid en verveeld zijn, uitstelgedrag vertonen, geregeld van de ene naar de andere activiteit overschakelen zonder iets echt af te maken, moeite om hoofd- van bijzaken te onderscheiden, zich verliezen in details, slecht kunnen plannen en organiseren, slecht prioriteiten kunnen stellen, afwisseling van snel afgeleid zijn met overconcentratie of hyperfocus, alleen aandacht kunnen opbrengen voor zaken die je echt interessant vindt.

Hyperactiviteit: motorische onrust ervaren en vaak ook moeten uiten, een veelvoorkomend gevoel van innerlijke onrust, druk doen en veel praten, altijd met iets bezig moeten zijn, moeilijk tot ontspanning komen, altijd 'aan' staan.

Impulsiviteit: eerst doen en dan denken, anderen veelvuldig in de rede vallen, ongeduldig zijn, impulsief geld uitgeven, impulsief relaties en werkbetrekkingen beginnen en beëindigen, voor de omgeving onbegrijpelijke beslissingen nemen.

Binnen de psychiatrie wordt gebruikgemaakt van een aantal formele criteria die verwoord staan in de DSM (*Diagnostic and Statistical Manual of Mental Disorders*), een Amerikaans handboek voor diagnose en statistiek van psychische aandoeningen dat als standaard in de psychiatrie dient. De criteria die worden gehanteerd in de DSM zijn toegespitst op kinderen. Er bestaat op dit moment nog geen officiële DSM-norm voor AD(H)D bij volwassenen (het is mogelijk om net als een allergie over je AD(H)D heen te groeien). Voor een diagnose bij volwassenen worden de criteria enigszins vertaald naar de volwassen context. Voor de volledigheid geef ik hier de formele definitie/omschrijving van AD(H)D zoals je die in de DSM kunt lezen:

OFFICIËLE CRITERIA VOLGENS DE DSM-5:

A. Ofwel 1, ofwel 2.

1. Zes (of meer) van de volgende symptomen van aandachtstekort zijn gedurende ten minste zes maanden aanwezig geweest in een mate die onaangepast is en niet past bij het ontwikkelingsniveau:

- Aandachtstekort
  - Slaagt er vaak niet in voldoende aandacht te geven aan details of maakt achteloos fouten in schoolwerk, werk of bij andere activiteiten.
  - Heeft vaak moeite de aandacht bij taken of spel te houden.
  - Lijkt vaak niet te luisteren als hij/zij direct aangesproken wordt.
  - Volgt vaak aanwijzingen niet op en slaagt er vaak niet in schoolwerk, karweitjes af te maken of verplichtingen op het werk na te komen (niet het gevolg van oppositioneel gedrag of van het onvermogen om aanwijzingen te begrijpen).
  - Heeft vaak moeite met het organiseren van taken en activiteiten.
  - Vermijdt vaak, heeft een afkeer van of is onwillig zich bezig te houden met taken die een langdurige aandacht (langdurige geestelijke inspanning) vereisen (zoals school- of huiswerk).

- Raakt vaak dingen kwijt die nodig zijn voor taken of bezigheden (bijvoorbeeld speelgoed, huiswerk, potloden, boeken of gereedschap).
- Wordt vaak gemakkelijk afgeleid door uitwendige prikkels.
- Is vaak vergeetachtig bij dagelijkse bezigheden.

2. Zes (of meer) van de volgende symptomen van hyperactiviteit-impulsiviteit zijn gedurende ten minste zes maanden aanwezig geweest in een mate die onaangepast is en niet past bij het ontwikkelingsniveau:

- Hyperactiviteit
  - Beweegt vaak onrustig met handen of voeten, of draait in zijn/haar stoel.
  - Staat vaak op in de klas of in andere situaties waar verwacht wordt dat men op zijn plaats blijft zitten.
  - Rent vaak rond of klimt overal op in situaties waarin dit ongepast is (bij adolescenten of volwassenen kan dit beperkt blijven tot subjectieve gevoelens van rusteloosheid).
  - Kan moeilijk rustig spelen of zich bezighouden met ontspannende activiteiten.
  - Is vaak 'in de weer' of 'draaft maar door'.
  - Praat vaak aan een stuk door.

- Impulsiviteit
  - Gooit het antwoord er vaak al uit voordat de vragen afgemaakt zijn.
  - Heeft vaak moeite op zijn/haar beurt te wachten.
  - Verstoort vaak bezigheden van anderen of dringt zich op (bijvoorbeeld mengt zich zomaar in gesprekken of spelletjes).

B Enkele symptomen van hyperactiviteit-impulsiviteit of onoplettendheid die beperkingen veroorzaken waren voor het zevende jaar aanwezig.

C Enkele beperkingen uit de groep symptomen zijn aanwezig op twee of meer terreinen (bijvoorbeeld op school [of werk] en thuis).

D Er moeten duidelijke aanwijzingen van significante beperkingen zijn in het sociale, school- of beroepsmatig functioneren.

E De symptomen komen niet uitsluitend voor in het beloop van een pervasieve ontwikkelingsstoornis, schizofrenie of een andere psychotische stoornis en zijn niet eerder toe te schrijven aan een andere psychische stoornis (bijvoorbeeld stemmingsstoornis, angststoornis, dissociatieve stoornis of een persoonlijkheidsstoornis).

Als aanvullende vereisten geldt in de DSM dat deze symptomen:

- vaker voorkomen dan bij leeftijdgenoten;
- voor het zevende levensjaar zijn begonnen;
- de leerprestaties, het werk en het sociale contact met anderen beïnvloeden;
- niet het gevolg zijn van een andere stoornis.

Symptomen in de praktijk

Wat betekent dit nu in de praktijk? Voorbeelden van AD(H)D-gedrag zijn:

- Je maakt vaak slordigheidsfouten.
- Je hebt weinig aandacht voor details of juist overmatig veel aandacht voor details.
- Je hebt veel moeite om je aandacht te houden bij wat er op dat moment gevraagd wordt.
- Je lijkt vaak niet te luisteren als iemand wat vertelt, informatie gaat vaak aan je voorbij.
- Je doet daardoor vaak niet wat er gevraagd of uitgelegd wordt.
- Je hebt moeite met het organiseren van taken of activiteiten.
- Je doet liever geen taken waarbij je lange tijd moet opletten of kan er juist helemaal in opgaan.
- Je bent vaak (belangrijke) spullen kwijt.
- Je bent afgeleid door dingen die om je heen gebeuren.
- Je vergeet vaak dingen die je wel zou moeten doen.
- Je vindt het lastig om lange tijd stil te zitten.
- Je stoort vaak andere mensen wanneer ze in gesprek zijn of met iets bezig zijn.

- Je geeft vaak al antwoord voordat de vraag helemaal is gesteld.

Tot zover het gedrag. Wat er vanbinnen gebeurt komt vaak op het volgende neer:

- Je hebt het druk met je afvragen of je dingen wel goed doet en wat er van je verwacht wordt.
- Je neemt beslissingen, denkt en voelt op een manier die anderen vaak niet begrijpen.
- Je hebt het gevoel dat je de sociale spelregels vaak niet goed begrijpt of hanteert.
- Je hebt het gevoel altijd 'aan' te staan.
- Je voelt je snel overprikkeld maar ook snel verveeld, het is gauw te veel of te weinig en er zit niet veel tussenin.

Waarschijnlijk is wel duidelijk dat elk punt op zich niet per se met AD(H)D te maken hoeft te hebben. Dat iemand moeilijk op zijn beurt kan wachten kan ook te maken hebben met een sterk competitieve neiging. Dat iemand vaak al antwoord geeft voordat de hele vraag gesteld is, kan ook gewoon komen omdat het een slim kind is. Slecht luisteren naar anderen kan het gevolg zijn van een buitengewoon boeiende binnenwereld en ga zo maar door. Maar toch, als je veel van dit soort gedrag vertoont, krijg je vaak sociaal een tik op de neus. Misschien als volwassene niet expliciet, maar tegen een kind zeg je makkelijk: doe even normaal, zit stil, let eens op. Bij volwassenen is het oordeel minder uitgesproken, maar vaak voel je het wel degelijk.

De officiële AD(H)D-kenmerken zeggen echter niet zoveel

over de achterliggende binnenwereld, over wat je denkt en voelt. Ze zeggen niets over het hoe en waarom van je reactiepatroon. Hoe meer je enkel inzoomt op het gedrag, hoe meer je voorbijgaat aan *waarom* je zo doet. Als je niet snapt waarom je zo doet en er wordt alleen maar gehamerd op dat je het anders moet doen, kun je bijna niet anders dan het gevoel van onmacht verder opstoken. Je loopt dan het risico dat je heel nuttige persoonlijkheidskenmerken gaat verwarren met probleemgedrag. En het geeft op termijn een soort katapultgedrag, namelijk dat het ongewenste gedrag er juist extra hard uit komt (vergeleken met een katapult: eerst trek je het elastiek naar achteren en dan, als je de spanning eraf haalt, knalt die steen de wereld in). Onderdrukken leidt dus vaak later tot een uitvergroting van het gedrag.

Waarom doe je wat je doet, denk je wat je denkt en voel je wat je voelt?

Grappig is dat veel mensen zich bij wijze van spreken meer verdiepen in de werking van hun nieuwste smartphone dan in de werking van hun brein. Een gemiste kans, want er zit wel degelijk logica achter hoe je denkt, doet en voelt. Maar als je die logica nog niet doorziet, kun je je soms voelen als een drenkeling ergens midden op de oceaan.

Zie je brein als een emmer. Die emmer is de hoeveelheid prikkels die je aankunt. Een te volle emmer is lastig, een te lege emmer ook. Het is een ingewikkelde balans tussen over- en onderprikkeling.

Hoe komt overprikkeling tot stand?

1. De eerste laag van je emmer is gevuld met gevoeligheid. Sommige mensen zijn gevoeliger dan andere. Ben jij erg gevoelig dan pikken je zintuigen meer op dan gemiddeld en ervaar je dus ook meer dan gemiddeld. Dit vult jouw emmer. Voorbeelden hiervan zijn:
    - Geluid kan je snel opvallen, afleiden of irriteren. Een televisie die aanstaat blokkeert jouw denken helemaal, gejengel van je kind is onmogelijk buiten te sluiten en die ene irritante zoem die jou al de hele middag afleidt, gaat volledig aan anderen voorbij.
    - Kleding moet echt kloppen anders heb je er last van. Dus als dat labeltje er niet NU uit gaat kun jij niet verder. Als de stof van je trui kriebelt, ben je de hele tijd daardoor afgeleid en zit er een gat in je sok, dan maakt dat je helemaal gek.
    - Beelden maken indruk, visuele informatie prikkelt. Wat je ook ziet, het zet de ideeënmachine van je brein aan, of het is te licht, te donker, te fel, te kleurig, te zwart-wit et cetera om je lekker te kunnen voelen.
    - Geur pik je snel op en kan positief en negatief afleiden. Je geniet bijvoorbeeld enorm van een bepaald luchtje, terwijl andere mensen nauwelijks iets ruiken. Of je kunt juist helemaal niet tegen een bepaalde geur en maar een klein beetje ervan kan er al voor zorgen dat je bijna moet overgeven.
    Deze gevoeligheid hebben de meeste mensen

gelukkig maar op één of twee punten en dan nog kan het hard werken zijn. Hoe deze gevoeligheid komt? Daar is nog weinig onderzoek naar gedaan, maar op basis van mijn ervaring zeg ik: een stukje aangeboren, een stukje overlevingsmechanisme (kom ik later nog op terug) en soms ook een stukje tekort in bouwstenen. Zo is bekend dat als je een lage pijngrens hebt, dit duidt op een laag serotoninegehalte in je brein. Dat is leuke en nuttige informatie, want daar zijn oplossingen voor!
Naast de gevoeligheid die redelijk zichtbaar en merkbaar is, hebben we nog een 'zintuig'. Namelijk een deel in ons brein dat stemmingen en emoties van andere mensen aanvoelt en invoelt. Dat deel van je brein zijn de spiegelneuronen en die zijn ervoor gemaakt dat je sociaal en emotioneel afgestemd kan zijn en blijven op anderen. Maar het venijn van die spiegelneuronen is dat je dingen voelt alsof je ze zelf voelt, omdat we niet geleerd hebben daar onderscheid in te maken. Dus verdriet van een ander voel jij, boosheid van een ander voel jij. Iedereen trouwens, maar de een iets meer dan de ander, en sowieso, de een voelt het en doet er niets mee en de ander betrekt het enorm op zichzelf en heeft het er druk mee.

2. Wat er in de tweede laag van je emmer komt, is afhankelijk van persoonlijkheidskenmerken die maken wie je bent. De één is de ander niet. Een van de redenen dat ik zo blij was

dat ik NLP (Neuro Linguïstisch Programmeren; vreselijke naam, fantastische methodiek) ontdekte, was dat ik daarmee ook leerde waarom de een anders doet dan de ander. Dat heeft namelijk te maken met je filters. Hoe zit dat? Per seconde komen er miljoenen eenheden aan prikkels op ons af. Om te kunnen functioneren laten we heel veel daarvan weg. Het is immers ondoenlijk om die miljoenen eenheden op te nemen, laat staan er betekenis aan te geven en ze te verwerken. Daar komen dan ook nog alle prikkels vanbinnen bij: malende gedachten, maar ook jeuk aan je teen, honger en verliefdheid moeten door het brein verwerkt worden. Sowieso dus al een drukke bedoening. Concreet betekent het dat eerst meer dan 99% van alle prikkels weggefilterd moet worden om überhaupt te kunnen functioneren. En dat doen je filters selectief. Zo blijkt iedereen over een set sorteerstijlen te beschikken die net weer even anders is, en die je uiteindelijke interpretatie bepaalt. Zo weet ik dat veel mensen met AD(H)D een heel sterk rechtvaardigheidsfilter hebben: alles wat ook maar een spatje oneerlijkheid in zich heeft komt keihard door en werkt als een lap op een rode stier. Zelfde met vrijheid, veel mensen met AD(H)D hebben vrijheid zo in hun filters zitten dat ze nogal snel in de 'dat bepaal ik zelf wel'-stand komen te staan. Het ene filter roept meer reuring en actie op dan het ander. Zijn daarmee je filters verkeerd? Welnee, om maar bij deze twee voorbeelden te blijven: een sterk rechtvaardigheidsgevoel of een krachtige hang naar vrijheid zijn ook hartstikke functioneel!

3. De emmer is inmiddels al behoorlijk gevuld. Gevoeligheid, bepaalde filters die zo staan ingesteld dat je meer of minder drukte creëert en voelt. Maar dan is er nog een laagje. Namelijk alle aanpassingen die je maakt om te matchen met de verwachtingen van de wereld. Kinderen met AD(H)D voelen dondersgoed aan dat hoe ze doen niet altijd (vaak niet) leuk gevonden wordt door de omgeving. En dat is een rotgevoel. Vaak lachen we dat dan weg of we worden juist stiller en onzichtbaarder. En zonder het door te hebben ga je vanbinnen zoeken naar 'hoe moet ik het dan wel doen?'. Je gaat op zoek naar een versie van jezelf die leuk en oké gevonden wordt door de omgeving. Dat is een biologisch gegeven. We hebben het biologisch gezien gewoon nodig om verbonden en geliefd te zijn. Dus de pleaser in ons wordt al heel jong aangesproken en we gaan proberen zo te zijn als de wereld wil. En dat mislukt vaak en dat is dan ook weer frustrerend. Je echte ik verstoppen heeft gevolgschade (je gaat gedrag proberen te corrigeren) en kost bakken met energie. Dat vult die metaforische emmer ook weer.

De weg naar minder overprikkeling

Hoeveel ruimte is er met zo'n volle emmer nog over voor de dagelijkse dingen als welke boodschappen je moet doen, wie er ook alweer vandaag jarig is en waar je sleutels liggen? Weinig! Dan kun je wel nóg meer druk op je emmer leggen met allemaal aan jezelf opgelegde regels (je sleutels altijd op dezelfde plek leggen, Instagram van je telefoon gooien, je voornemen langzamer te praten), maar a) die kosten ook nog eens denkkracht, dus je emmer raakt er nog voller van, b) het lukt vaak niet, dus je emmer vult zich nog verder met frustratie, en c) het is zo veel makkelijker als je bij de echte kern begint en je emmer leert leeg te kieperen. Dat lukt niet zomaar even, maar wel met iemand die je spiegelt en je helpt het volgende te ontdekken:

- Wat zijn mijn sorteerstijlen?
- Wat is mijn aanpassingsgedrag?
- Hoe ga ik daar een betere balans in vinden en dus meer mezelf zijn?

Veel mensen met AD(H)D denken dan: ja, maar als ik mezelf ga zijn, dan wordt het pas echt chaos. Geloof me, dat is niet waar. Want wat als kind misschien eigenschappen waren waar de wereld niet zo fijn op reageerde, daar kun je als volwassene heel ver mee komen. Eigenwijsheid, creativiteit en opstandigheid kunnen veel brengen. Net als (de meer ADD-kant) het vermogen om te observeren, filosoferen en veel te voelen.

Jezelf zijn werkt, je moet alleen nog gaan ontdekken hoe.

DEEL 2

Het leven van een AD(H)D'er

My morning routine

Jarenlang had ik geen *morning routine*, alleen een *morning*. Maar inmiddels heb ik een routine in de vingers waardoor ik iedere dag verzorgd, gevoed en met een goed gevoel naar buiten stap. Zou ik er als een ware AD(H)D-influencer een video over maken, dan is dit wat je op een gemiddelde werkdag te zien (en te voelen) zou krijgen.

06:26 uur

Mijn interne wekker gaat: elke ochtend klokt mijn blaas in, één minuut voor de gezette wekker. Iedere dag doet mijn lichaam er namelijk alles aan om te voorkomen dat die wekker daadwerkelijk begint te rinkelen. Van zo'n ding dat opeens kan afgaan, krijg ik onderbewuste stress. Hallo hoogsensitief mens.

06:27 uur

Ik vlieg richting de gang. Daar ligt namelijk mijn telefoon, *also known as* de wekker. Dat mijn telefoon niet in mijn slaapkamer ligt, heeft een drietal redenen. 1. Anders slaap ik de hele nacht niet, omdat ik verdwaald ben geraakt op het internet. 2. Dan kan ik 's ochtends niet steeds op snooze drukken. 3. Door direct op te staan, kom ik meteen in beweging en ben ik uit mijn hoofd. Dat is heel belangrijk. De kleinste denk-prikkel kan er namelijk al voor zorgen dat ik ga piekeren of gedemotiveerd aan mijn dag begin. Voor een niet-AD(H)D'er is gewoon opstaan waarschijnlijk een fluitje van een cent, maar voor mij is het een heel grote opgave. Dat ik meteen naar de gang moet, is dus echt van levensbelang. Ik pak mijn telefoon en schakel de wekker uit.

06:28 uur

Ik loop door naar het toilet. Tijd voor de ochtend-appelsap.

06:32 uur

Ik ga zitten op mijn sportmatje, dat bewust in mijn zicht ligt als dagelijkse reminder dat ik mijn work-out moet (en inmiddels ook wil) doen. Alleen in mijn slip trouwens, want ik trek geen sportkleding aan – anders wordt de AD(H)D-drempel om elke ochtend te sporten echt te hoog. En het scheelt me ook nog eens veel was. Via mijn telefoon start ik de *Victoria's Secret Train Like An Angel Masterclass*. Het programma is opgebouwd uit vijf blokken die elk vijf minuten duren. Ik doe meestal alleen de eerste drie blokken. Deze work-out ken ik inmiddels uit mijn hoofd. Ook weer een plus, want het maakt de drempel om de work-out uit te voeren laag. Maar het effect voor mij is groots. Het geeft mij gelijk een goed begin in mijn hoofd én een voorsprong op de dag: die work-out heb ik namelijk al in de pocket!

06:49 uur

Na mijn training loop ik naar de slaapkamerdeur waarop een jaarkalender opgedeeld in maanden hangt. Met een groene viltstift zet ik een kruisje, waarna ik tevreden naar de nagenoeg ononderbroken reeks van kruisjes kijk. Samen vormen ze een opsteker voor mij als AD(H)D'er: er is iets gelukt! Ze zijn het bewijs dat ik dagelijks mijn work-outs volbreng én een positieve reminder voor alle volgende dagen. Inmiddels zet ik ook steeds vaker steekwoorden op de kalender als er een bijzondere gebeurtenis (date, contractverlenging, geboorte, et cetera) heeft plaatsgevonden. Of het woord k*tdag, als mijn hoofd niet heeft (mee)gewerkt.

06:50 uur

Ik stap onder de douche en poets meteen ook mijn tanden, anders sta ik ook maar zo stil te staan. Voor de grande finale ga ik nog snel met een scheermesje langs mijn oksels. Ik draai de kraan dicht, haal de trekker over de deur en tegels en stap de douche uit. Alles wat ik gebruikt heb, leg ik weer terug op precies dezelfde plek als waar ik het vandaan pakte. Ik sprint snel naar mijn slaapkamer en droog me af voor de staande spiegel.

06:57 uur

Kleding kiezen vind ik lastig. Zeker omdat ik er zo veel van heb. Daarom ben ik mij het afgelopen jaar een 'Steve Jobs-garderobe' aan gaan meten. Wat inhoudt dat ik mijn favoriete kledingstukken in drievoud tot zevenvoud koop en de volgende basisgarderobe heb gecreëerd:

7 x The Victoria's Secret T-shirt Lightly Lined Wireless Bra (zwart)
3 x Mads Nørgaard Tech Stretch Perolla Pants (zwart)
7 x Weekday Stella Tank Top (zwart & wit)
21 x H&M Hipsters (zwart)
3 x Chanel slingback lookalikes van Zara (crème)
7 x Longsleeves van Zara & H&M Trend (zwart)

Met deze kleding kan ik nagenoeg elke werkdag hetzelfde dragen – noem het een uniform – en ik kan er voor vrijwel alle gelegenheden prima mee uit de voeten. Het maakt mijn leven overzichtelijk en neemt de keuzestress weg. Als die keuzestress wel opduikt dan legt het de rest van mijn processen die dag lam, ga ik van alles tegelijkertijd doen, waardoor uiteindelijk geen van de processen meer naar behoren wordt uitgevoerd. Lees: zonder ontbijt of fatsoenering de deur uit.

06:59 uur

Tijd voor het ontbijt. Beneden heb ik een prachtige keuken, maar die vind ik onoverzichtelijk en te groot. Dus pak ik mijn ontbijt en maak ik het klaar op mijn slaapkamer. Mijn ochtendritueel zo veel mogelijk beperken tot één ruimte maakt het behapbaar: ik raak het overzicht minder snel kwijt en ben dan ook niet zo snel afgeleid. Het worden vier rijstwafels met smeuïge notenboter (goede vetten en eiwitten), waarop ik chiazaadjes plak. Ik verdeel een banaan in plakjes over de rijstwafels. De finishing touch? Kaneel! Heerlijk.

07:02 uur

Ik heb tien minuten nodig om mijn ontbijt weg te werken. Dat doe ik zittend in een stoel. Ondertussen kan ik niets anders doen. De notenboter en de gortdroge rijstwafels vragen mijn opperste concentratie bij het wegeten ervan. Het is een soort van prettig rustmoment dat ik na al die jaren eindelijk onder de knie heb. Ik moest er eerst de noodzaak van inzien. Maar nu ik iedere dag start met een goed vullend ontbijt met pure producten is een deel van mijn klachten (buikpijn, obstipatie) afgenomen en grijp ik gedurende de dag minder snel naar producten die mijn AD(H)D op de verkeerde wijze voeden.

07:12 uur

Tijd om mezelf te fatsoeneren! Iets wat ik vroeger door veelvuldig snoozen niet deed of waarvan ik de noodzaak totaal niet inzag. Make-uppen vroeg (te) veel van mijn inspanning en aandacht. Waar andere dingen dan weer onder gingen lijden, zoals ontbijten. Make-uppen bleef dus lange tijd enkel voorbehouden aan stapavonden. Maar nu vind ik dat ik wel moet, het hoort bij mijn baan: met een verzorgd uiterlijk word ik serieus genomen. Inmiddels ben ik er gelukkig best kundig en snel in geworden. Ik vermeng mijn dagcrème met een zelfbruiner – doe ik dat niet dan zie ik er spierwit uit – en plemp de rest van de plamuurverf erop. Kam mijn haar vliegensvlug met een paardenborstel (geen echte, maar een Tangle Teezer. Die lijkt er verdacht veel op) en knoop het in een staart. Klaar!

07:19 uur

Ik kijk mijn slaapkamer annex sportschool annex keuken annex schoonheidssalon rond. Ik heb nu nog precies veertien minuten om alles op te ruimen. Opruimen zorgt voor ruimte in mijn hoofd. En bij thuiskomst na een werkdag geeft een net huis ook weer rust. Alles in mijn slaapkamer heeft een vaste plek, zodat het niet kan gaan slingeren. Het aantal oppervlakken heb ik geminimaliseerd – hoe meer oppervlakken, des te meer plek er is voor troep. Ik leg alles precies op dezelfde plek terug in en op mijn kasten. Ik plaats mijn make-up zorgvuldig terug, trek mijn dekbed recht, plaats de gewichtjes, elastische band en evenwichtsbal weer terug op de stellingkast en haal vluchtig een vochtig doekje over mijn kast slash keuken.

07:33 uur

Ik trek mijn jas aan, doe mijn rugzak (die altijd klaarstaat bij deur) om en loop de trap af. Ik draai de voordeur van het slot en loop richting de trein die om 07:46 uur vertrekt.

Ik kijk tevreden terug op dit geslaagde ochtendritueel. Het lijkt misschien klein, maar dit is voor mij allesbepalend om de dag goed te beginnen. Stap ik met het verkeerde been uit bed, wat overigens door dit vaste ritueel steeds minder vaak gebeurt, dan wil ik dit alles het liefst overslaan. Dan snooze ik, leeg mijn blaas, laat het sporten schieten, ga terug naar bed, kom er op het allerlaatste moment uit, kleed me vluchtig aan en stap ongekamd en zonder ontbijt de deur uit. K*TDAG. Meteen 0-1 achter! Maar als het gaat zoals hierboven omschreven, vaste processen die elkaar als vanzelf opvolgen, dan is het 1-0 voor mij.

HOOFD STUK

Hamsteren

Over het leed dat de supermarkt heet

‘Everything was fine, would continue to be fine, would eventually get even better as long as the supermarket did not slip.’

– Don DeLillo

Bijna alle AD(H)D'ers in mijn omgeving, inclusief ikzelf, hebben de oorlog verklaard aan de supermarkt. Niet zozeer omdat we iets tegen de supermarkt hebben. In tegenstelling, ik ben dol op de supermarkt. Geld uitgeven aan dingen die ik kan eten, vind ik zaligmakend. Naar de supermarkt gaan zie ik dan ook echt als een uitje. Gelukkig maar, want ik moet er vanwege mijn AD(H)D soms meerdere keren per dag naartoe. Hoe dat zit? De supermarkt is een plek waar meteen bij binnenkomst alle zintuigen worden getriggerd. Felle lichten, veel geluid, overal mensen, veel keuzes... Daarom is de supermarkt voor veel AD(H)D'ers een heel uitputtende en vermoeiende plek. En ook frustrerend, want zie met al die triggers maar eens thuis te komen met alleen dat pak melk waar je eigenlijk voor ging.

Op naar de supermarkt

Mijn AD(H)D in een supermarkt begrijp je het best als je er samen met mij doorheen loopt. Ik zou willen zeggen: doe je ogen dicht. Maar dit is (nog) geen luisterboek, dus houd ze maar open en fantaseer dat je samen met mij voor de deur van je favo supermarkt staat...

Het is donderdag, de dag waarop mijn weekgeld gestort wordt. Mooi, dan kan ik me meteen overgeven aan mijn favoriete hobby: geld uitgeven. Om ervoor te zorgen dat die niet uit de klauwen loopt, heb ik (proactief) een strikt weekbudget van zestig euro (dit is de huidige situatie, ik sluit niet uit dat dit in de toekomst verandert) beheerd door een budgetcoach.

Daar moet ik het elke week mee doen: boodschappen, cadeaus, chai lattes to go. Of dus juist geen chai lattes to go.

Ik ben net thuis van mijn werk en moet nog even snel wat dingen halen. Het wc-papier is namelijk op en ik heb ook nog geen avondeten geregeld. Wat ik ga maken weet ik nog niet, dat zie ik in de supermarkt wel. En als ik er toch ben, neem ik ook gelijk Brinta, melk, diepvriesframbozen en bananen mee. Dan hoef ik er voorlopig niet meer te komen. Een lijstje heb ik niet nodig, want dit kan ik prima onthouden. Ik eet dit rijtje nagenoeg dagelijks.

Ik pak een mandje en begin te lopen. Alles wat ik in mijn vizier krijg roept per direct een gedachte en/of associatie op. Erdoorheen filteren is voor mij bijna niet mogelijk. Op links blikjes Coca-Cola Zero. Wist je dat 70% van de Coca-Cola-blikjes gekocht wordt doordat ze op een zichtbare locatie in een winkel staan? *End of the aisle display* of finished product verkoop, noemen ze dat. Ze stellen het product zo op in de supermarkt dat je het nog snel even meepakt. Voor mij hadden ze dat niet hoeven te doen, want voor Coca-Cola Zero heb ik een neusje. End of the aisle of nergens in de aisle: ik vind ze toch wel. Ik pak drie blikjes.

En nu... Ik probeer me te herinneren wat ik nog meer nodig heb, maar ik kom er niet op. En dus begin ik met dwalen. Ik loop van het ene naar het andere pad. Niet geheel toevallig bereik ik het snoepgangpad. Hier vind ik altijd wel iets wat ik beter niet (want snoep moet en gaat bij mij meteen op) kan meenemen. Zoals de Katja Apekoppen die ik nu zie liggen. Direct denk ik terug aan vroeger. Als kind at ik namelijk altijd

Katja Yoghurtgums. Katja zou voor die Apekoppen eigenlijk een samenwerking aan moeten gaan met de Monkey Town-speeltuinen. Misschien moeten ze er zelfs wel een speciale Katja-attractie ontwerpen! En aangezien Katja veggie snoep maakt, zou het eigenlijk best toepasselijk zijn als ze in de supermarkten een eigen vak krijgen naast de veggie- en vega-opties van het vlees... Een vegaburger! Daar heb ik best zin in. Ik loop richting de vegasectie en probeer te bedenken wat ik erbij ga eten. Broccoli misschien? Ik kom eerst langs de groenten dus pak ik, voordat ik van gedachten kan veranderen, meteen een stronk. Ik kijk naar de broccoli in mijn mandje. Mooie kleur groen wel. Weet je wat ook groen is? Boerenkool! Ik leg de broccoli weer terug en loop met gierende banden richting de kant-en-klare stamppot. Ik denk aan hoe mijn vrienden allemaal op een andere manier boerenkoolstamppot bereiden. Ik raak geïnspireerd en begin heel wat toevoegingen in mijn mandje te gooien: een Unox vegetarische rookworst, appelmoes, piccalilly, augurken en uitjes.

Een voorbijlopende knappe boy verstoort mijn gedachten. Een snoepje om te zien, trouwens. Mijn brein kaatst mij weer even terug naar het snoepgangpad en de Katja Apekoppen. Katja zou ook samen met LINDA. het snoepje van de week kunnen uitroepen! Ik maak er een vluchtige notitie van in mijn hoofd. Inmiddels loop ik langs de 'gezonde' tussendoortjes. Wat heb ik nog meer nodig? Dan zie ik LIGA met melksmaak liggen... en plots weet ik het weer: melk! Ik heb melk nodig!

Onderweg naar het zuivelvak passeer ik de truffelsalami met een randje van Parmezaanse kaas eromheen. Dit brengt me terug naar het feestdagenassortiment van Lidl.

Daar koop ik altijd de truffelsalamibonbon. Die is nog lekkerder dan deze 'verse' variant. Toch gaat deze salami mee. No-brainer, want hier mag je mij midden in de nacht voor wakker maken.

De halfvolle melk bereik ik zonder verdere afleidingen. Prijsbewust als ik ben ga ik natuurlijk voor de goedkoopste tweeliterfles. Volgens mij heb ik nu alles.

Hold the line! Vergeet ik bijna de Brinta en die hoort toch echt bij de melk. Ik storm als een malle de halve winkel door. Hebbes! Ik kijk naar de verpakking. Brinta, ik at het als kind al. Mijn hele familie is er gek op. Mijn broer en schoonzus, die momenteel in Amerika wonen, laten het zelfs speciaal opsturen vanuit Nederland. Ikzelf eet het ook met pakken tegelijk. En als ik straks als tachtigjarige geen tanden meer heb, dan is dit ook prima weg te slikken. Tijdloos voor tandloos, dat Brinta.

Als ik in mijn mandje kijk, heb ik sterk het gevoel dat er iets mist. Ik sta voor de jampotten te draaien, zie een framboos afgebeeld staan op een van de potjes en weet het dan opeens weer: diepvriesframbozen, *I'm coming for you*! Ik smijt twee grote zakken in mijn winkelmandje. Kijk nog eens naar de inhoud. Ja, dit is alles wat ik nodig heb. Vanaf nu zal ik naar mijn voeten kijken om te voorkomen dat ik nog meer in mijn mandje gooi.

Zonder kleerscheuren bereik ik de scankassa en scan mijn Bonuskaart. Ik zie iemand naast mij met bananen in de handen staan. Oeps, vergeten! Ik heb geen zin om terug te gaan en begin met scannen. Jammer, ik heb niets wat in de Bonus is vandaag. De eindstand: € 32,44. Niet slecht, vind ik.

Eenmaal thuis moet ik direct plassen. Als ik ga zitten zie ik de lege wc-rol hangen. Ineens weet ik weer waarom ik naar de supermarkt ging. Hallo festivaldixi! Het is te laat om nog tegen te houden, dus ik laat mijn plas lopen, schud na afloop mijn billen en trek mijn jeans weer omhoog. Ik was mijn handen, haal diep adem en maak me klaar voor supermarktronde nummer twee. #lovemylife

Poging 2: mét lijstje

Om te voorkomen dat ik nog een keer vergeet waarvoor ik kom, open ik de notities op mijn telefoon en noteer wc-papier en stap dan de deur uit.

Ik ben weer in de supermarkt. Maar waarom ook alweer? Snel pak ik mijn telefoon. O ja, ik heb wc-papier nodig. Op weg naar de rollen kijk ik naar mijn voeten – alles om straks met alleen wc-papier thuis te komen. Ik pak het huismerk en loop in een recordtempo terug naar de kassa. Even gaat mijn blik omhoog. Een flesje gingerbeer, net voor de kassa. Dat doen ze toch weer slim. Ja, dat gaat ook mee. Dat heb ik wel verdiend na een dag hard werken. In totaal heb ik vandaag € 37,06 uitgegeven. Dat betekent dat ik voor de rest van de week nog € 22,94 over heb.

Bij thuiskomst bekijk ik mijn agenda voor de aankomende week. Ik heb een eetafspraak, een babyshower en een date. Met nog maar € 22,94 kan dat knap lastig worden. Had ik maar wat eerder in mijn agenda gekeken. Hoewel... dan had ik waarschijnlijk precies hetzelfde gedaan.

Wat ging er mis?

Wat je door bovenstaand voorbeeld wellicht wel doorhebt, is dat ik van tevoren geen goede inschatting maak van wat ik echt nodig heb en hoe de rest van mijn week er qua kosten uitziet. En dat levert me wekelijks stress op bij de kassa. Want dan ga ik pas nadenken: staat er wel genoeg op mijn betaalrekening? Ik heb als enige ter wereld geen internetbankieren. (Geen zorgen, mijn budgetcoach wel.) En ik kan mijn saldo alleen bekijken op een pinautomaat van de ING. Dat is eigenlijk maar beter ook, want anders is al mijn geld in een mum van tijd uitgegeven. Mijn AD(H)D-brein gaat dan namelijk meteen in overdrive en koppelt het beschikbare geld aan allerlei impulsen. Geld geeft mijn brein vrijheid. Mijn weekbudget, niet internetbankieren: dat is pure zelfbescherming. Hoe minder ik weet van hoeveel geld ik heb, des te meer ik overhoud.

En zelfs al vertrek ik wel met een goed doordacht plan, mijn hoofd speelt te allen tijde *De slimste mens* en krijgt bij alles wat ik zie allerlei associaties (Brinta, familie, ik zonder tanden). En dat is nog maar één zintuig. Geur (de versafdelingen), geluid (bliepjes, muziek, rollende mandjes, gesprekken) en tast: de supermarkt activeert allerlei verschillende zintuigen die de hersenen in overdrive laten gaan. En die van een AD(H)D'er nog net wat meer. Doordat ik van alles tegelijkertijd waarneem zonder dat er gefilterd wordt, vergeet ik vaak waarvoor ik kom en is de logica ver te zoeken. Gelukkig laat mijn saldo het niet toe om aan alle impulsen gehoor te geven: ik kan niet eindeloos diepvriesframbozen blijven kopen. Dat is een hele geruststelling.

De supermarkt uitspelen doe je zo!

Hoe dol ik ook ben op de supermarkt, die houdt voor mij een moeilijkheidsgraad. Toch moet ik er iedere week naartoe en zorgen dat ik thuiskom met de items waarvoor ik ga. Inmiddels heb ik wat dingen ontdekt die het boodschappen doen voor mij iets makkelijker maken.

Ga nooit zonder lijst

Om de supermarkt te overleven is een boodschappenlijstje voor mij een must en een *lifesaver*. Het geeft enige structuur aan wat ik pak en waar ik naartoe loop in de supermarkt. Het zegt niets over wat ik onderweg nog meer tegenkom, maar zonder lijst ben ik bij voorbaat al verloren.

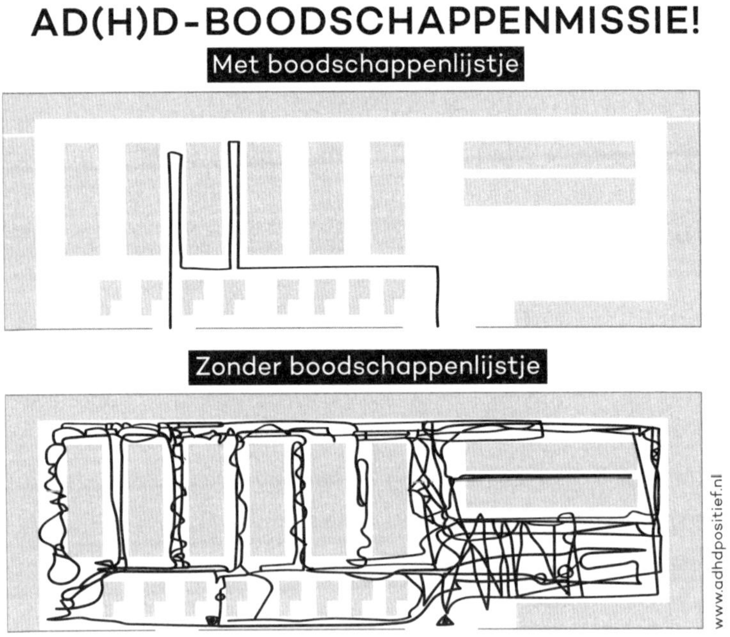

Kijk naar je voeten

Ik mijd bepaalde gemakzuchtpaden (hallo frisdrank, diepvriespizza's, snoep, chips, koekjes). Als ik er toch doorheen moet en de kassa ongeschonden wil bereiken, dan kijk ik naar mijn snelwandelende voeten. Alsof ik in een Super Nintendospel loop waarbij de vijanden in een rap tempo op mij worden afgevuurd en het aan mij is om die te ontwijken.

Zorg voor een vast budget

Een vast budget is voor mij essentieel. Het liefst neem ik bijvoorbeeld tien euro contant mee en laat ik mijn pinpas thuis. Een budget dwingt mij ook om op voorhand al te kijken hoe de rest van mijn week eruitziet, zodat ik van tevoren kan bepalen wat ik maximaal uit mag geven. Hoe meer plan, hoe minder impuls. In theorie dan...

Maak een basisboodschappenlijst

Ik weet heel vaak echt niet wat ik wil en moet eten. Daarover nadenken kost me heel veel energie. Om die reden heb ik een basislijst gemaakt die ik kan gebruiken als leidraad. Met die lijst kan ik voldoende gevarieerde maaltijden maken en eet ik ook nog eens een beetje gezond. Mijn lijst ziet er als volgt uit:

Boodschappen

- Kwark
- Halfje bruinbrood
- Bananen
- Tomaten

- Rode peper
- Avocado
- Pasta
- Veldsla
- Bapao No Beef Ketjap | De Vegetarische Slager (aanrader, deze is echt vet lekker)
- Diepvriesframbozen
- Blauwe bessen
- Sojabonen
- Mango
- Chiazaadjes
- Hennepzaadjes
- Amandelmelk
- Eieren
- Vegaburger
- Vegetarische kipstuckjes | De Vegetarische Slager (wederom een aanrader, helemaal als je ze bakt in een beetje Ketjap Manis)
- Sterrenmuntthee
- Appelmoes
- Brinta
- Melk
- Rijstwafels
- Pindakaas
- Wc-papier
- Geschrapte wortels

Zet een pet op
Soms doe ik een pet op, omdat de licht-prikkel heel vaak tussen mij en mijn gedachten in komt. En aangezien de supermarkt overbelicht is, kan ik niet focussen. Om die reden vergeet ik vaak wat ik allemaal hebben moet.

Besteed het uit
Af en toe laat ik iemand anders mijn boodschappen doen. Veel mensen in mijn omgeving kunnen wel heel goed omgaan met impulsen, waardoor ze doelgerichter en minder makkelijk af te leiden zijn. Dan is het prettig dat zij mijn boodschappen doen, zodat ik ook echt krijg wat ik nodig heb. De bezorgservice van diverse supermarkten kan ook zo'n vriend zijn. Maar dat is voor mij niet echt een aanrader, want online dingen bestellen voelt als onzichtbaar geld uitgeven. Gevaarlijk dus. Mijn budgetcoach heeft daar gelukkig al een stokje voor gestoken door internetbankieren bij me weg te halen.

De ideale supermarkt voor een AD(H)D'er

Hoe fijn zou het zijn als er een speciale prikkelvrije supermarkt zou bestaan? Stel dat ik zelf een supermarkt voor AD(H)D'ers zou mogen inrichten, dan zou het licht zo veel mogelijk gedimd zijn, terwijl de producten uiteraard nog wel goed waarneembaar zouden zijn. Ik zou het assortiment klein houden, want dat maakt het beslisproces gemakkelijker en zorgt voor minder afleiding, omdat er minder is om uit te kiezen. Ik denk dat ik zelfs een vast aanbod per dag zou doen. Dat je op maandag alleen bepaalde producten kunt krijgen, en op dinsdag weer andere producten. En de week erop liggen er op die dagen weer exact dezelfde producten, met een klein beetje variatie hier en daar.

Iedere klant krijgt een medewerker toegewezen die zijn of haar boodschappen bij elkaar raapt. Een soort van buddy. En die buddy vraagt dan bij elk product dat in je mandje komt of je dat wel echt nodig hebt en waarvoor je het denkt te gebruiken. Zodat je daar even de denkruimte en tijd voor kunt nemen. Buddy's zijn er trouwens alleen voor advies, dus overrulen mag altijd.

Het is er altijd rustig, want er mogen maar maximaal tien personen tegelijkertijd de supermarkt in. En er is een vitrine waarin allemaal gezonde, versgemaakte maaltijden liggen die geschikt zijn voor AD(H)D'ers en die de hersenen en het lichaam op de juiste manier voeden en tegemoetkomen.

Bij binnenkomst mag je een *noise cancelling* koptelefoon pakken en opzetten. Die blokkeert omgevingsgeluid, maar laat je nog wel communiceren met je buddy. Leg je een boodschap in je mandje, dan wordt deze meteen aangeslagen. Je winkelmand weet dus al wat je aankoopt, scant dit tegelijkertijd en geeft op een display weer hoeveel geld je al hebt uitgegeven. En omdat je van tevoren je budget hebt ingevoerd geeft je slimme mand ook aan wanneer je dat bedrag hebt bereikt. Meer uitgeven dan je aangegeven budget kan niet. Echt vet zou het zijn als die mand de overbodige boodschappen dan weer uitspuugt.

Onder je huid is een chip geïmplementeerd die ervoor zorgt dat de betaling en overige gegevens gekoppeld zijn aan jou als persoon. Geen gedoe. Alles *easy peasy*.

Om het allemaal nog een beetje leuk te maken, wordt de

tijd van binnenkomst en naar buiten gaan gemeten. Je kunt zo een record vestigen door je boodschappen zo efficiënt mogelijk bij elkaar te rapen. Daarmee kun je dan weer wekelijks in aanmerking komen voor prijzen of extra korting.

Albert Heijn, Lidl, als jullie ooit dit concept willen oppakken, dan weet je mij te vinden. De rechten liggen uiteraard bij mij, maar ik sta open om hier verder over na te denken en er invulling aan te geven. Ik zie de headline al voor me: 'Albert Heijn opent eerste AD(H)D-vriendelijke supermarkt.' De ondertitel zou zijn: 'AD(H)D'ers worden op hun zintuigen bediend.'

Ik denk overigens dat ook niet-AD(H)D'ers dit concept op prijs zouden stellen, want boodschappen doen met sfeerlicht en de mogelijkheid om een record neer te zetten, maakt de wekelijkse boodschappen een stuk leuker. Ik vind het een strak plan.

HOOFD STUK

Werkpaardje

Over werken, collega's en lichtknopjes

‘Never do anything by halves
if you want to get away with it.
Be outrageous.
Go the whole hog.
Make sure everything you do is so completely crazy
it’s unbelievable.’

– *Roald Dahl*

Werken is voor mij geen gemakkelijke opgave. Het vraagt aandacht, focus, structuur, overzicht, duidelijke kaders en verantwoordelijkheid. Laat ik van alles uit die rij nou net een beetje missen. *Story of my worklife*. Soms denk ik: ben ik wel gemaakt om te werken? Na zes maanden 'in between jobs' thuis te hebben gezeten, weet ik in ieder geval dat ik van thuiszitten ook niet echt beter word. Slechter zelfs. Werken en ik hebben wat je noemt een haat-liefdeverhouding. Of misschien heb ik gewoon nog niet 'het werk dat werkt' gevonden.

Error

Het is niet dat ik niet kan of niet wil werken. Maar een vaste baan is voor mij een uitdaging. Gewoon omdat mijn hersenen soms compleet in error-modus schieten en daarom van de meest normale vraag of opdracht al gestrest raken. Ik heb dan namelijk het idee dat het direct moet gebeuren, vergeet door de stress door te vragen en weet dus niet wat er van mij verwacht wordt. Hierdoor worden zelfs de kleinste dingen heel groot in mijn hoofd. Een voorbeeld:

> Collega: 'Francien, kun jij deze aanvraag zo meteen even uitwerken?'
> Mijn hoofd: Wat uitwerken? Shit. Nu? Maar hoe lang moet het dan zijn? Error. Error. Error.
> Ik: 'Ja, is goed. Ik ga er meteen aan beginnen.'
> Mijn hoofd: Pak voordat je gaat beginnen anders nog even snel iets te drinken.

Twee uur later
Collega: 'Is het al af? Wanneer krijg ik het?'
Ik: 'Wat bedoel je?'
Mijn hoofd: Shit, helemaal vergeten! Hoe kan ik zo snel mogelijk tijd kopen om dit alsnog te doen? En wat moest ik ook alweer doen? Error. Error. Error.
Collega: 'Laat maar, ik doe het zelf wel.'
Ik: 'Sorry!'
Mijn hoofd: Snel, doe iets. DOE IETS!
Ik: 'Samen doen?'
Collega: 'Is goed!'
Mijn hoofd: Saved by the bell!

Als mijn hoofd helemaal vol zit met gedachten, opdrachten en dingen die gedaan moeten worden, kan ik niet filteren wat het meest relevant is. In plaats van dan orde te scheppen, probeer ik de stress te ontwijken door video's te kijken, drinken te pakken, te sporten of iets anders te doen – zolang het maar niet te maken heeft met wat ik nog moet doen. Totdat ik er dan door iets heel willekeurigs opeens weer aan herinnerd word, met als gevolg: nog meer stress. Mijn hoofd loopt vast omdat er te veel is wat mijn aandacht vraagt. Net als een computer waarbij al veel te lang veel te veel tabbladen openstaan. Ik word dan letterlijk ziek van de stress. Op zo'n moment werkt er eigenlijk maar één ding: rust. Eerst moeten er tabbladen worden afgesloten en moet ik opnieuw worden opgestart, voordat ik weer op volle kracht door kan. Maar ja, zeg dat maar eens tegen je baas.

Volgens een onderzoek verricht in 2008 naar de impact van AD(H)D op het werk:

- loopt 30% van de AD(H)D'ers tegen chronische werkgerelateerde problemen aan;
- is de kans op ontslag bij AD(H)D'ers maar liefst 60% hoger;
- zijn AD(H)D'ers drie keer zo vaak geneigd om impulsief te stoppen met hun baan.[1]

Stoorzenders

En dan hebben we het alleen nog maar over prikkels van het krijgen van opdrachten. Maar er zijn nog veel meer prikkels die mijn werkende leven saboteren. Collega's bijvoorbeeld. Ik hou van ze, maar met praten als mijn grootste hobby krijg ik vrijwel niets gedaan (en zij dankzij mij ook niet). Ook de overbelichte kantoorjungle werkt totaal niet mee. Licht is mij een doorn in het oog. Het zorgt ervoor dat mijn hersenen nog meer onbelangrijke prikkels waarnemen, waardoor het filteren van de juiste prikkels nog moeilijker is. Vaak laat ik de lichten dan ook uit als ik alleen op kantoor zit of de eerste ben. Wat dan meestal volgt is een collega die binnenkomt en meteen het licht aandoet. Ik die vraagt of het uit kan. Mijn collega die zegt 'het moet aan, anders kan ik niet werken' en die collega 'wint' want werken met licht aan is normaal en in het donker werken is raar. Ik kan dan vervolgens nog met moeite mijn werk doen, maar dat zeg ik niet, want ik wil de rest niet tot last zijn.

Inmiddels heb ik op mijn huidige job een plek gevonden uit

het zicht van collega's en met weinig licht: onder de brandtrap. Het is er enorm koud, maar verder werkt het prima. Bij iedere baan vind ik wel zo'n plekje. Toen ik nog bij Nike werkte, kon je mij bijvoorbeeld vinden onder een trap die naar de parkeergarage leidde. En bij weer een andere kantoorjob powernapte en werkte ik in de douchecabine. In het donker.

In de problemen

Door mijn AD(H)D ben ik meerdere malen in lastige werksituaties gekomen. Want als je je werk niet afkrijgt binnen het gegeven tijdsframe, is dat vragen om problemen. Maar om dan te zeggen dat het door het licht komt? Dat doet me denken aan de hond die mijn huiswerk zogenaamd heeft opgegeten. En ik snap het: onder een brandtrap werken is misschien niet heel mainstream. Vaak weten mijn collega's daardoor niet eens precies waar en of ik überhaupt aanwezig ben in het kantoorpand. Mocht er ooit brand uitbreken en men denkt dat het pand leeg is, dan moet er misschien een dubbelcheck gedaan worden voor Francien-die-heb-ik-ergens-maar-toch-nergens-gezien. Helemaal omdat ik ook graag een noise cancelling koptelefoon draag en daardoor het brandalarm waarschijnlijk niet eens zou horen. Aan de andere kant zit ik dus wel vaak onder de brandtrap, dus dat zou toevallig ook wel mijn redding kunnen zijn...

Punt is: net als ieder ander wil ik mijn werk gewoon afkrijgen. Daarom zit ik onder die brandtrap. Dat ik dan moet inleveren op comfort en collega's neem ik op de koop toe. Bovendien vind ik dat ook niet erg. En als dat beter voor mij werkt, prima toch?

Werken AD(H)D-stijl

Op een donkere werkplek zonder internet of met de Self-Control-applicatie (die blokkeert tijdelijk door jou veel bezochte websites), met een noise cancelling koptelefoon, af en toe een uurtje sporten tussendoor, en iedere avond een planning maken voor de volgende dag met mijn Structuur-junkie-planner (lifesaver) kom ik vaak al een heel eind.

Ik hoor je nu denken: joh, ga dan lekker alleen thuis zitten in het donker in plaats van onder een koude trap. Maar dat is ook niet de oplossing. Juist zoiets fysieks als naar kantoor gaan geeft mijn dag een duidelijk doel. En de sociale controle op het werk (vergaderingen bijwonen, samen lunchen op een vast tijdstip) geeft structuur aan mijn dag. Toen ik voor mezelf werkte, werd ik weer doodongelukkig omdat ik geen collega's had. Idealiter heb ik een mix nodig. Want op dagen dat het mentaal niet gaat, heb ik juist collega's of een *change of scenery* nodig. Zij halen mij uit mijn hoofd en leiden af van mijn soms donkere gedachten. Door fysiek aanwezig te zijn op kantoor, kom ik uit die cyclus van negativiteit. Twee dagen thuis of op een kleinere vestiging zorgen dat ik niet continu anderen en mijzelf van het werk houd. Iets met te veel kletsen.

Misschien is begrip wel het allerbelangrijkste wat ik nodig heb. 'Verschuil je niet telkens achter je AD(H)D' (mensen zeggen dat echt!) – zo'n waardeoordeel mag best achterwege blijven. Het is namelijk geen excuus. Het zit chronisch in mijn hoofd en ik doe er alles aan om ermee te functioneren. Soms kost me dat alleen meer moeite en inspanning dan anders.

Werk dat werkt

Af en toe denk ik: doe ik wel het juiste werk? Zou doewerk niet beter bij me passen? Iets minder achter het bureau, zodat ik ook minder in mijn hoofd zit? Bijvoorbeeld lesgeven. Dat doe ik nu als freelancer, maar zou ik dat niet gewoon in loondienst moeten doen? De stof is ieder jaar nagenoeg hetzelfde, alleen de leerlingen veranderen. Repeterend werk dus, wat over-denken onmogelijk maakt. Een goede optie. Of wat dacht je van kassière? Ik droom ervan om in de supermarkt achter de kassa te zitten. Ook repeterend werk en een stroom van mensen om mee te kleppen. Personal trainer, nog zoiets. De hele tijd hetzelfde werk, alleen met verschillende mensen. En meestal lekker in de buitenlucht. Of toch maar fulltime schrijfster? Kennis ophalen, vergaren en omzetten in mooie woorden. Ik heb er als blogger al van kunnen proeven als razende reporter van de sportwereld. Dat smaakte absoluut naar meer. Ik kon mij laten leiden door mijn impulsen en schrijven op tijdstippen (liefde voor de nacht) waarop en plekken (het liefst op de parkeerplaats achter mijn huis, in mijn stilstaande auto) waar ik mij geïnspireerd voel. Maar van mijn boeken heb ik geleerd dat schrijven ook eenzame momenten kent en me helemaal gek kan maken als iets af moet en ik mijn dag niet heb. Dus misschien zou ik beter passen op een redactie van een latenighttalkshow? Nieuws van de dag opsporen en diezelfde dag nog specialisten regelen die aan tafel schuiven. Een heel specifiek doel en een dagelijkse, duidelijke en strakke deadline doen namelijk wonderen voor mijn productiviteit en gedurfdheid. De beren die initieel op de weg liggen, lijken te verdwijnen bij werken onder hoge druk. Of toch aanschuiven als *creative concepter* bij grote merken of ondernemers om sporters verder op weg te helpen? De gekste campagnes bedenken en de rush van het sluiten van een deal: *yes please*.

Ik denk dat het uiteindelijk een combinatie zou moeten zijn: een beetje minder aan mijn bureau, een beetje meer doen. Het is juist die combinatie van dingen die zorgt dat mijn hoofd mentaal fit blijft. Ik heb een veel groter probleem als ik geen input krijg of als kaders in de vorm van structuur ontbreken. De enige vraag die ik mezelf continu blijf stellen is: krijg ik er energie van? Als dat niet zo is, dan laat ik het graag gaan. Tot op heden krijg ik energie van alle dingen die ik doe. Zolang er maar een brandtrap of ander zwart gat is waar ik me in alle rust kan terugtrekken om mijn werk gedaan te krijgen.

---

1. Attention Deficit Disorder Association. (z.d.). *Impact of ADHD at Work*. Geraadpleegd in mei 2020, van https://adhdatwork.add.org/impact-of-adhd-at-work/

HOOFD STUK

Schaapjes tellen

Over medicamenteuze (mis)matches en alle gevolgen van dien

[DISCLAIMER]
In dit hoofd stuk ga ik in op voorgeschreven druks (medicatie). Ik schrijf dit op basis van mijn eigen ervaringen en de medicatie die mij is voorgeschreven door gespecialiseerde artsen, met inachtneming van de NHG-Standaard ADHD, het Farmacotherapeutisch Kompas en het Kinderformularium. Deze ervaringen zijn niet bedoeld als advies. Raadpleeg altijd je eigen arts, zoals ik dat voor dit hoofd stuk ook heb gedaan.

'Zo... pilletje vergeten?'

– Meerdere mensen, als ik weer eens ergens als een wervelwind, op zijn Franciens, kom binnengerend

Zeg je AD(H)D, dan zeg je pilletjes. Toch gaat dat voor mij, en voor heel veel AD(H)D'ers met mij, niet op. Het zal mensen die weinig van dit onderwerp afweten misschien verbazen om te horen dat ik lang niet iedere dag een pilletje slik (alhoewel mijn dokter dat wel graag zou zien). Hoe dat zit en hoe pillen voor mijn AD(H)D precies werken, vertel ik in dit hoofd stuk.

AD(H)D-medicatie: een geschiedenisles

Voordat ik meer vertel over mijn eigen druks, vind ik het belangrijk dat we de feiten rondom de medicatie duidelijk hebben. Ik neem je graag mee in een paar hoogtepunten uit de geschiedenis van AD(H)D en medicijnen, die hebben geleid tot de AD(H)D-medicatie die we vandaag de dag kennen.[1]

18e eeuw

De eerste beschrijving van AD(H)D dateert uit de achttiende eeuw. In zijn drie boeken over 'ziektes van de geest' beschrijft Sir Alexander Crichton (1763-1856) een typische mentale stoornis waarbij patiënten een pathologische verandering van aandacht hebben. Deze zou aangeboren kunnen zijn of zich al op jonge leeftijd kunnen openbaren, waarbij kinderen 'onbekwaam zijn om met enige vorm van onderwijs bij te blijven'.

Jaren 30

Ouders melden zich bij dokters en psychiaters met hun kinderen die onaangepast, druk of onoplettend gedrag vertonen. De Amerikaanse psychiater Charles Bradley (1902-1979) komt er bij toeval achter dat het stimulerende middel Benzedrine, een amfetamine, gek genoeg juist een kalmerend effect heeft op deze *'problem children'* bij wie eerder lijfstraffen werden toegepast.[2] Met name jongens reageren goed op het middel. De kinderen zelf noemen het 'aritmische pillen', omdat je er minder van beweegt. De naam AD(H)D bestaat dan nog niet. Bradley's bevindingen blijven meer dan vijfentwintig jaar onopgemerkt. Daarmee duurt het nog vele jaren voordat deze stimulerende medicijnen gebruikt worden in de behandeling van AD(H)D.

Jaren 40

Er komen langzaam steeds meer onderzoeken naar het anders functioneren van de hersenen. De vraag is of er bij AD(H)D daadwerkelijk gesproken kan worden van een biologische, aangeboren aandoening van het brein. Of van een later ontstaan disfunctioneren. In 1947 wordt beschreven dat de gedragsproblemen worden veroorzaakt door kleine beschadigingen in de hersenen. Dat wordt *minimal brain damage* (MBD) genoemd, ontstaan door bijvoorbeeld zuurstoftekort van het kind in de baarmoeder of tijdens de bevalling.

Jaren 50

Een nieuwe fase van experimenteren met kalmerende en stimulerende middelen voor de geestelijke gezondheid begint. Voor de behandeling van volwassenen met een psychiatrische aandoening komen steeds meer medicijnen. En er ontstaat een hernieuwde interesse in het behandelen van hyperactieve kinderen met behulp van geneesmiddelen. De eerdere ervaringen van Bradley met Benzedrine worden herontdekt en het middel wordt op bredere schaal toegepast. Chloorpromazine (een sterk kalmerend middel voor de behandeling van psychoses) wordt voorgesteld als een mogelijke behandeling van ernstige AD(H)D. Maar het wordt nooit een serieus alternatief voor di-amfetamine (Benzedrine) en de variant dextro-amfetamine (Dexedrine), omdat bijwerkingen als sufheid en lage bloeddruk het functioneren onmogelijk maken. Stimulerende middelen hebben een beter resultaat. Tot op heden is de exacte werking van deze stimulerende middelen bij AD(H)D in het lichaam nog niet helemaal duidelijk. Waarschijnlijk zorgen ze ervoor dat er meer dopamine en serotonine (neurotransmitters) beschikbaar is in de hersenen, waardoor het denken en voelen beter gaat.

Jaren 60

In 1961 wordt methylfenidaat (het werkzame bestanddeel van Ritalin) goedgekeurd door het Amerikaanse ministerie van Volksgezondheid voor gebruik bij kinderen met hyperactiviteit. De twintig jaar hiervoor werd het enkel gebruikt voor ouderen met een depressie en *'desperate housewives'*. Vanaf 1967 komt men ook terug op het onderzoek uit 1947 waarin werd beweerd dat AD(H)D voortkwam uit hersenbeschadiging *(minimal brain damage)* en wordt de term *'minimal brain dysfunction'* ingevoerd. Uit de vele onderzoeken die dan lopen, blijkt er behoefte aan een naam voor een variant waarbij minder sprake is van hyperactiviteit, maar wel een tekort aan aandacht: de term ADD is geboren.[3]

Jaren 70

Men komt steeds meer tot de conclusie dat AD(H)D in de meeste gevallen niet overgaat als een persoon volwassen wordt. Ondanks de wetenschappelijke feiten en bevindingen blijft de algemene maatschappelijke mening nog lange tijd dat AD(H)D een opvoedingsprobleem is zonder biologische oorzaak.

Jaren 90

PET- en MRI-scans zorgen voor de 'grote' doorbraak: die laten zien dat de hersenactiviteit van mensen met de diagnose AD(H)D sterk afwijkt van die van 'normale' mensen. Vanaf dan wordt er meer gesproken van een biologische of somatische (lichamelijke) stoornis. Hierdoor wordt AD(H)D een meer geaccepteerde diagnose en vaker gediagnosticeerd. De stijging in diagnoses is lastig te verklaren. Want zijn er simpelweg meer mensen die de aandoening AD(H)D krijgen of zijn artsen zich bewuster van het bestaan en denken zij daardoor sneller aan AD(H)D, soms misschien ten onrechte (overdiagnostiek). In ieder geval, de aandoening AD(H)D (b)lijkt behandelbaar te zijn met stimulerende medicatie. Maar de vraag blijft of dit ook echt waar is. Het slikken van medicijnen is namelijk nog altijd niet de enige, maar slechts een van de mogelijkheden voor het bestrijden van de symptomen. Cognitieve gedragstherapie of een afwachtend beleid (lees: niets doen) behoren ook tot de mogelijkheden.

Tot zover de geschiedenis, over tot de orde van de dag: hoe weet een arts of ik AD(H)D heb? En welke druks gaat hij of zij mij geven?

Stap 1. De diagnose

In Nederland wordt de diagnose AD(H)D bijna altijd gesteld door een psychiater. Hier kom je na een doorverwijzing van de huisarts. In samenspraak wordt er gekeken welke therapie er nodig is en als er medicatie nodig is, welke dan het beste bij jou past. Met daarnaast cognitieve therapie (het vermogen om dingen te leren, onthouden en uitwisselen) vind je zelf uit wat je talenten zijn en hoe je je zelfbeeld kunt bijsturen. Door medicatie worden de symptomen beter hanteerbaar. Belangrijk hierbij is dat niemand hetzelfde is, en dat iedereen zijn eigen speciale therapeutische cocktail nodig heeft.

Stap 2. Welke medicatie krijg je dan?

Voor kinderen onder de zes jaar is AD(H)D-medicatie ongeschikt. De middelen zijn niet goed onderzocht op werking en bijwerkingen bij zulke jonge kinderen. Over gebruik van medicatie boven de zes jaar is meer bekend. Wat dan precies gegeven kan worden, kan nog een behoorlijke zoektocht zijn. Er is diverse medicatie voorhanden en wederom: niemand is hetzelfde. Ieder lichaam reageert anders.

Mijn eigen zoektocht naar passende medicatie begint, zoals je eerder kon lezen, pas op latere leeftijd: op mijn zesentwintigste, in de trein. 'Koos Diagnoseloos', maar wel met een doosje kindercoke (Ritalin) op zak, op weg terug van de (vervangend) huisarts. Maar ik blijk behoorlijk slecht te reageren op Ritalin en word knetterhigh met tintelingen over mijn hele gezicht. Niet echt de kalmte waar iedereen het over heeft.

Poging twee is na mijn officiële diagnose door een

psychiater en onder begeleiding van een gespecialiseerde (huis)arts. Ik krijg Concerta voorgeschreven. Net als Ritalin bevat het methylfenidaat, een stimulerende stof die de focus en stemming kan verbeteren. Het verschil tussen Ritalin en Concerta is dat Concerta langer doorwerkt. Dit komt door de verlengde afgifte, waarbij de werkzame stof na inname de hele dag aan je lichaam wordt afgegeven, in tegenstelling tot het kortwerkende Ritalin. De inwerktijd is gemiddeld vier weken, maar ik kom niet verder dan vier dagen. Ik word vlak en keer helemaal naar binnen. Het lachen – en dat doe ik ontzettend graag – is me vergaan. Binnenkomende prikkels lijk ik weliswaar goed te kunnen verwerken met Concerta achter mijn kiezen, maar het voelt alsof ik buiten mijn lichaam ben getreden en mezelf op een afstandje sta te observeren. Mijn arts is het met mij eens dat dit niet wenselijk is en dat Concerta en ik geen *happy couple* zijn. Weer geen succes dus. *Next.*

METHYLFENIDAAT: WAT IS DAT?

Also known as Concerta, Ritalin, Equasym XL, Kinecteen, Medikinet CR, Methylfenidaat.

Heeft een stimulerende werking op de hersenen.

Is een indirecte stimulator van het sympathische (activerende) zenuwstelsel en lijkt als medicijn sterk op amfetamine. Valt onder de psychostimulantia.

Werkingsduur:

Gewone tablet (Ritalin): 3-5 uur

Concerta: 12 uur

Medikinet CR en Equasym XL: 8 uur
Kinecteen: 8-12 uur
Methylfenidaat: 3-6 uur

De arts van het behandelcentrum schrijft Strattera voor, waarover ik positieve dingen heb gehoord. Poging drie. Ook weer geen succes, bijwerkingen die zo vervelend waren dat ik ze heb verdrongen. Op naar het volgende medicament. Gelukkig zijn er behoorlijk wat medicijnen om uit te proberen.

ATOMOXETINE: WAT IS DAT?
Also known as Strattera, Audalis, Atomoxetine.
Regelt de hoeveelheid noradrenaline (een stresshormoon dat in het bijniermerg wordt geproduceerd) in de hersenen. Niet verslavend en een langdurige werkzaamheid over de hele dag. Valt niet onder de psychostimulantia. Werkt geleidelijk, dus niet geschikt wanneer direct effect noodzakelijk is.
Werkingsduur: werkt geleidelijk

De arts komt met weer een vervangend middel. Een upper, en de allerzwaarste medicatie voor de allerzwaarste gevallen. Jippiejajee! Ik behoor tot de absolute AD(H)D-top! Ik krijg dexamfetamine (merk Tentin®), oftewel medicinale speed in nette pilvorm. Al snel kom ik erachter dat ik hier slechts een schamele 1,25 milligram van kan verdragen in plaats van de voorgeschreven 5 milligram. En dat ik ook echt niet meer kan hebben op één dag. De 'normale' dosering van tweemaal daags 5 milligram kan mijn lichaam absoluut niet aan, merkt ook de arts ietwat teleurgesteld op. Want al bij een kwart pilletje is mijn hartslag verhoogd, wordt de druk op mijn ogen enorm, staan mijn kaken 's nachts stijf op elkaar en krijg ik lelijke tanden door het knarsen, alsof ik een *meth-head* ben. Wel kan ik met deze lage dosering ein-de-lijk functioneren. De focus zorgt ervoor dat ik mijn taken kan afmaken, dat ik mij aan gemaakte afspraken en deadlines houd en dat ik rustiger ben in mijn hoofd. Toch vind ik de bijwerkingen (hoofdpijn, uitgehold gevoel, verhoogde oogdruk) die na verloop van tijd optreden en aanwezig blijven, niet acceptabel genoeg om met de medicatie door te gaan. En dus ben ik gestopt met trouw en consistent slikken. Ik slik het nu alleen op momenten dat ik focus nodig heb (denk aan werkdagen), omdat deze medicatie mijn gevoel verandert en mij tot iemand maakt die misschien wel leuk is voor de maatschappij, maar die zich niet altijd lekker of helemaal zichzelf voelt. En mijn AD(H)D gaat er niet van weg. Weliswaar zijn de symptomen door die pillen enigszins onder controle, maar nog steeds ervaar ik dan onrust. En natuurlijk vind ik het soms wel fijn om me deel te voelen van een groter geheel, maar tegelijkertijd heb ik dan het gevoel mezelf te bedriegen. Wat is belangrijker? Waarom kan ik niet gewoon mezelf zijn? Dat vind ik een lastig vraagstuk.

DEXAMFETAMINE: WAT IS DAT?

Also known as Tentin® dexamfetamine sulfaat, voorheen *Amfexa, Dexamfetamine* FNA, *Elvanse*.
Een variant van amfetamine. Heeft een stimulerende werking op de hersenen. Remt de heropname van dopamine bij de zenuwoverdracht, waardoor je per saldo meer dopamine in je hersenen hebt. Het is een indirecte activator van het zenuwstelsel en lijkt als medicijn sterk op methylfenidaat.
Werkingsduur: 4-24 uur

Elvanse (lisdexamfetamine): Inactieve vorm van dexamfetamine, wordt in het lichaam omgezet tot dexamfetamine. Valt onder de psychostimulantia.
Werkingsduur: tot circa 14 uur

En dan zijn er nog de donkere gedachten, die net zo goed horen bij AD(H)D. Houden die langer dan twee weken aan, dan ben ik waakzaam, want dan kan er sprake zijn van een depressie. Als ik aan alles voel dat het die kant op dreigt te gaan of al zover is, dan richt ik mij eerst op mijn omgeving. Ik probeer dan zo veel mogelijk onder de mensen te zijn. Dat haalt mij uit mijn hoofd en dus uit mijn gedachten. Ik probeer verder voldoende te slapen en blijf in beweging. Maar soms verlies ik het van mijzelf. Op die momenten ga ik in overleg met mijn huisarts en medicijnarts. Als alternatief voor Dex krijg ik dan een andere pil voorgeschreven: bupropion (merk Wellbutrin

XR), een antidepressivum. Dit om de stemmingswisselingen (emoties en stemmingen) die gepaard kunnen gaan met de donkere gedachten vlakker te maken. Bupropion zorgt voor een opgezette buik die op mijn blaas drukt, en een onprettig gevoel dat misschien nog het best omschreven kan worden als een omgekeerd verliefdheidsgevoel. Ondanks dat voel ik me van alle medicatie qua AD(H)D nog het best bij bupropion (een rustige vlakheid, maar wel met gevoel). Toch is het in mijn geval medicatie die ik alleen moet gebruiken als de donkere gedachten de boventoon voeren en voor langere tijd aanhouden. Ik vind het ook geen prettig idee om afhankelijk te zijn van antidepressiva. Zodra ik mij weer beter voel, bouw ik het gebruik ervan dus geleidelijk af. En keer ik terug bij mijn vriend en vijand Dex.

BUPROPION: WAT IS DAT?

Also known as Wellbutrin XR, Zyban, Bupoprion.

Dit antidepressivum remt selectief de heropname van noradrenaline en dopamine bij de zenuwoverdracht, waardoor deze verhoogd aanwezig zijn. Werkt ook bij depressie en bij stoppen met roken, maar onbekend is hoe.

Stap 3. Leef gezond

Inmiddels heb ik ook ontdekt dat ik mijn symptomen kan beïnvloeden met een ander leef- en eetpatroon. Zo laat ik nu vaker bewerkte producten staan en probeer voor de pure versies te gaan. Dus echte tomaten in plaats van die uit blik, water in plaats van cola, gedroogd fruit in plaats van snoep. Wanneer ik voedsel met gezonde vetten zoals avocado en pindakaas eet, zit ik langer vol en grijp daardoor minder impulsief naar ongezonde snacks. Hierdoor nemen mijn overactiviteit en prikkelbaarheid af en ben ik minder slachtoffer van de *sugar rush*. Natuurlijk, zo'n suikerverslaving hebben meer mensen, maar ik kan die niet echt gebruiken met mijn AD(H)D. Ook neem ik vitamines en mineralen om mijn systeem rustiger te krijgen, zoals vitamine B12, vitamine D en magnesium. Daarnaast slik ik GABA, een kalmerende neurotransmitter waar veel mensen met AD(H)D een tekort aan hebben.

Regelmatig sporten helpt me ook om met prikkels om te gaan. Als je sport komen immers dopamine en endorfine vrij, waardoor ik vrolijk word en me beter voel. Hoewel ik mijn levensstijl zo goed mogelijk aanpas, blijft mijn AD(H)D toch mijn trouwe metgezel. Dus wil ik me aan het einde van een (werk)dag voldaan voelen, dan is medicatie slikken toch wel fijn.

Haat-liefdeverhouding

Maar ik slik mijn medicatie dus niet altijd. Ik heb Dex de afgelopen jaren *on and off* gebruikt. Ik houd mij daarmee niet altijd aan wat de heren en dames doktoren mij hebben voorgeschreven, *non-compliant* noemen ze dat. In hun optiek moet je je medicatie consequent slikken en zeker niet zomaar stoppen. Noem me non-compliant of eigenwijs, maar het werkt gewoon voor mij niet goed. Dat ik daarin niet alleen sta is in wetenschappelijke studies aangetoond. 20% tot 65% van de AD(H)D'ers is in meer of mindere mate non-compliant.[4] Het probleem dat ik ervaar, en vele AD(H)D'ers met mij, is dat je je continu blijft afvragen wat nou beter is: last blijven ondervinden van alle bijwerkingen van de medicatie of gewoon prettig gestoord zijn met je 'aandoening'. Voor sommigen kan dit een reden zijn om op een gegeven moment te stoppen met pillen en te denken: fuck it, dit is wie ik ben.

De zoektocht naar welke medicatie en in welke hoeveelheid is een persoonlijke. Waar ik heftig reageerde op mijn eerste keer Ritalin, zijn anderen er juist enorm bij gebaat. En waar ik altijd bijwerkingen voel van mijn AD(H)D-medicatie, hebben anderen nergens last van. Wat je zojuist allemaal hebt gelezen is mijn persoonlijke ervaring en dat hoeft niet die van jou te zijn. Ik pretendeer met dit hoofd stuk dus ook niet dat je niet moet luisteren naar een druks- en behandeladvies. Wat ik met het delen van mijn zoektocht wil zeggen is dat je altijd een optie hebt. Ik vind dat ik uiteindelijk degene ben die het medicijn moet gebruiken. Niet de behandelaars. En dat is reden genoeg om eventuele twijfels of ongemakken te allen tijde aan te kaarten. Er is altijd ruimte om het gesprek open te houden en met je artsen te overleggen en te zoeken naar andere mogelijkheden. Want er is niet een one size fits all-oplossing en ik denk dat ik het geschikte medicijn voor mij gewoon nog niet gevonden heb. Tot die tijd slik ik Dex af en toe. Nu ik een boek schrijf, lesgeef en 36 uur per week een kantoorbaan heb, neem ik om de dag een kwart pilletje (1,25 mg). Zijn de werkzaamheden iets minder veeleisend, dan laat ik Dex lekker in het potje zitten.

1. Holland, K. & Higuera, V. (2018, september). *The History of ADHD: A Timeline*. Geraadpleegd in mei 2020, van https://www.healthline.com/health/adhd/history
2. Bradley, C. (1937). The Behavior of Children Receiving Benzedrine. *American Journal of Psychiatry, 94*, 577-581.
3. *De ontwikkeling van het ADD en ADHD label.* (z.d.). Geraadpleegd in januari 2020, van https://www.addkenmerken.net/geschiedenis-adhd-en-add/
4. Swanson, J. (2003). Compliance With Stimulants for attention-deficit/hyperactivity Disorder: Issues and Approaches for Improvement. *Mol Diag Ther, 17,* 117-131. doi: 10.2165/00023210-200317020-00004

HOOFD STUK

Party Poes

Over drugs, knetterende kauwgom en klapperende kaken

[DISCLAIMER]
In dit hoofd stuk ga ik in op zelf ingenomen (recreatieve) drugs. Ik schrijf dit op basis van mijn eigen ervaringen met middelen die ik in mijn vrije tijd tot mij heb genomen. Het is geenszins mijn bedoeling om drugs te verheerlijken.

‘Don’t do drugs, kids.’

– *unknown*

Dit hoofd stuk moet niet verkeerd begrepen worden. Ik gebruik mijn avonturen met recreatieve drugs namelijk alleen om het volgende punt te maken: dat ik een aantal keer in mijn leven een ervaring heb gehad waarbij ik me eindelijk in volkomen rust mezelf voelde. Dat staat in schril contrast met mijn worsteling om het medicijn te vinden waarmee AD(H)D niet mijn zwakte maar mijn kracht kan zijn.

In mijn leven heb ik tot nu toe enkele keren partydrugs gebruikt: MDMA, xtc en speed. Ook in de periode dat ik nog niet officieel wist dat ik AD(H)D had. Ik deed dit uit nieuwsgierigheid, maar ook omdat de rest het deed. Het voedde mijn hang naar uitproberen en ongewone dingen doen. De drugs zorgen ervoor dat je vrolijk, *outgoing*, vol energie en liefdevol door het partycircuit vliegt. Als ze goed vallen natuurlijk. In mijn geval merk ik ook effecten op mijn AD(H)D. Eigenlijk is dat ook wel logisch, want veel van de stoffen in drugs zitten ook in de medicatie die ik gebruik. Maar in tegenstelling tot bij mijn medicatie voel ik me door partydrugs niet vlak of naar, maar juist totaal ontspannen en rustig. Hoe dat zit? Een trip *down memory lane*.

Blote knieën

Lief Festival 2010. Ik heb voor het eerst in mijn leven recreatieve drugs genomen, een kwart van een xtc-pilletje. In de mensenmassa spot ik mijn goede vriendin Anne, die altijd het beste met mij voorheeft. 'Anne, ik kan niet meer staan, dus ook niet dansen,' zeg ik. Het lijkt wel alsof ik een spierverslapper geslikt heb. Mijn lichaam ontspant zich compleet. En dus moet ik zitten. Terwijl mijn mede-gebruikers juist overlopen van de energie en vooral willen dansen, ben ik voor een keer de rustige.

Als ik zit, geniet ik nog meer van alles wat ik voel. Het is een rust en ontspannenheid die mij in het dagelijks leven onbekend is. Normaal voel ik van alles tegelijk, maar nu komen alle prikkels om mij heen een voor een binnen. Alsof ze ruimschoots de tijd nemen om kennis met mij te maken, in plaats van het vluchtige contact dat ik normaal gewend ben. De muziek, de kleuren, de liefde: ik beleef alles veel intenser. Ik bel mijn ouders op en bedank ze uit de grond van mijn hart dat ze mij gemaakt hebben. Ze vragen direct wat ik op heb.

'Een kwart xtc-pil,' antwoord ik. 'Dan weten jullie dat, want mocht ik in het ziekenhuis terechtkomen, dan ben ik daar zelf voor verantwoordelijk.' Duidelijke taal, die zij duidelijk iets minder grappig vinden.

Ik verbaas me over mijn *straight to the point*-beleid. Dit heb ik niet eerder zo duidelijk ervaren als nu. Normaal praat ik eerst vier minuten over alles wat ik op dat moment om mij heen ervaar, voordat ik toekom aan wat ik eigenlijk wil zeggen. Ik moet mijn ouders beloven dat ik voorzichtig doe. Dan wil ik ook mijn baas bellen, om te zeggen hoe ontzettend ik het naar mijn zin heb onder zijn bewind. Gelukkig wordt er op dat moment adequaat ingegrepen door Anne.

De dinsdagdip krijg ik er net als iedereen gratis bij, maar die fijne ervaring van volledig ontspannen zijn, neemt niemand mij meer af.

Knetterkauwgom

Het is 2011 en ik ben op mijn favoriete festival Free Your Mind. Veel van mijn vrienden uit de omgeving gaan er, net als ik, jaarlijks naartoe. Het voelt als een grote, gezellige reünie. Ik ken er mijn weg. De muziek vind ik overigens geen bal aan: ik ben helemaal niet van de techno, deephouse en de rest van het genre. Ik vind het er vooral gezellig!

Dat gevoel onderstreep ik nog eens door een kwart van een xtc-pil in te nemen, waar ik overigens bar weinig van voel. Op een gegeven moment tref ik een van mijn goede mannelijke vrienden, Rick. Die lijkt behoorlijk lekker te gaan. Dus ik vraag hem wat hij heeft, want ik wil het ook!

Hij steekt een klein zakje naar mij uit. 'Maak je wijsvinger nat en doop hem er maar in. Je moet gelijk iets voelen op je tong, net als bij knetterkauwgom,' zegt hij verleidelijk.

Ik twijfel geen moment en doe wat hij zegt. Ik houd van knetterkauwgom. Leuk, jeugdsentiment! Het smaakt supersmerig. Het doet me denken aan de smaak van een paracetamol. 'Ik voel niets op mijn tong,' zeg ik tegen hem.

'Even doorpakken, Francien, net zolang doorgaan tot je het voelt.'

Dus ik doe het in totaal drie keer. En geef dan op, want er knettert helemaal niets. Ik ga rustig naast mijn goede vriend zitten en heb totaal niet door dat ik zojuist MDMA heb genomen. De ontspannenheid die ik ken van Lief Festival is weer terug. In volstrekte ontspanning kijk ik rond, me heel bewust van de schoonheid en rust om mij heen. Alsof er een last van mijn schouders is gevallen. Alle stress is weg en het grote genieten kan gaan beginnen. Ik geniet enorm van de zon en de dansende mensen en ben stil in het mooiste plekje van mijn hoofd. Dit ben ik zonder ruis, zonder drukte, zonder AD(H)D. Partydrugs lijken mij nu al twee keer het allerdichtst te brengen bij wie ik echt ben.

Na tien minuten wil ik opstaan, maar dat gaat even niet. Een bekende ziet mij zitten. Ik zeg dat we samen op de foto moeten. Ze vraagt of het gaat. 'Jazeker wel,' antwoord ik terwijl ik naast haar tracht te poseren. 'Je ziet er een beetje gek uit, serieus vooral,' zegt ze voorzichtig. Een gezicht dat ze niet van mij kent, aangezien ik nagenoeg altijd op standje frivool en vrolijk sta.

Enkele momenten later slaan de drugs genadeloos in. Ik moet poepen als een malle (iets wat ook vaak gebeurt als ik AD(H)D-medicatie inneem). Waar zijn die dixi's? Gelukkig vind ik ze snel. Het is heet en licht in de dixi, maar wat heerlijk om hier te zitten. De rust die ik eerder voelde komt weer boven. Normaal struikelen in mijn hoofd de gedachten over elkaar heen, maar nu zijn ze allemaal weg. Ik ben in het hier en nu en ik kan zonder afleiding genieten. Omdat ik nu maar één gedachte tegelijk heb, voel ik me ook scherp. Eén gedachte verwerken gaat prima als niet honderd andere je aandacht proberen te trekken. Dus doe ik iets wat mij normaal niet zou lukken: ik ga tellen. Heel nauwkeurig. Na precies 27 (mijn lievelingsgetal) minuten op de dixi ga ik er vanaf.

De dinsdagdip die volgt duurt maar liefst anderhalve week. Niet zo raar met drie keer de hoeveelheid MDMA die de meeste mensen nemen, dat betekent ook drie keer zo hard op de blaren zitten. Mijn tanden klapperen dat het een lieve lust is. En daarna staan ze dagenlang stijf op elkaar. De koppijn die dat op zijn beurt weer veroorzaakt is geen pretje. Van Party Poes naar Koppijn Kater. Weet wat je slikt en slik met mate is hier een wijze les. Partydrugs zijn zeker niet alleen maar rozengeur en maneschijn.

AMFETAMINE: WAT IS HET?

MDMA (methyleendioxymethamfetamine) is een amfetamine, net als speed en xtc (belangrijkste bestanddeel van xtc is MDMA, daarnaast nog cafeïne, speed en soms LSD). Een heel verslavende en destructieve variant ervan is methamfetamine, ook wel crystal meth genoemd. Amfetamines zorgen ervoor dat dopamine bij de zenuwoverdracht sterker wordt afgegeven en niet te snel weer wordt opgenomen. Zo blijft er meer dopamine beschikbaar – en dat zorgt voor een geluksgevoel, alertheid en spraakzaamheid. Deze recreatieve drugs lijken sterk op mijn eigen druk dexamfetamine. Niet gek dus dat mijn medicatie ook gebruikt wordt als een recreatieve drug. En net als speed kan dexamfetamine een geestelijk verslavende werking hebben, omdat het beloningscentrum zo geprikkeld wordt dat je jezelf prettig gaat voelen. Je kunt er daardoor steeds vaker naar gaan verlangen en afhankelijk raken.

Party people versus Francien

Zowel MDMA en xtc als mijn vriend en vijand Dex zijn dus varianten van amfetamines. Van anderen hoor ik dat ik bij het gebruik van recreatieve stimulerende drugs als MDMA en xtc rustiger en spraakzamer word – in tegenstelling tot andere *party people* die er juist euforisch en druk van worden. Normaal ben ik één grote spraakwaterval die ongestructureerd een eindeloos verhaal zonder komma's en punten ratelt, maar met deze partydrugs worden mijn verhalen ineens duidelijk en helder, met een kop en een staart. Waar anderen vaag worden ontnuchter ik juist van dat spul en ben ik lief en gefocust tegelijk. Het geluksgevoel dat ik dan schijn uit te stralen, ook al kijk ik er wat serieuzer bij dan normaal, uit zich in het diep verbinden met mezelf en anderen. Doordat ik niet afgeleid word door het voelen van alles om me heen, zie ik ineens helder wat ik wil met mezelf en het leven. Dat ik zo goed ga op partydrugs kan komen doordat bij AD(H)D 'van nature' al sprake is van een laag dopamineniveau. Gebruik van stimulantia als MDMA zou, net als bij dexamfetamine, de dopaminevoorraad in het geval van AD(H)D weleens tijdelijk kunnen normaliseren. En dat terwijl het bij niet-AD(H)D'ers juist tot een overmaat aan noradrenaline en dopamine leidt. Dit verklaart waarom het mij zo'n fijn gevoel geeft. Een ding is zeker: dit gevoel heb ik zelden tot nooit van medicatie gekregen. Die kalmeert, maar maakt intern niet ontspannen. De onrust, mijn AD(H)D, blijft altijd aanwezig.

Ik propageer hier natuurlijk niet dat alle AD(H)D'ers aan de MDMA moeten. Die drugs geven mij een goed gevoel, maar ze zijn ook niet zonder bijwerkingen. Ik noem een kater van anderhalve week. En ik ben doodsbenauwd voor verslaving en langetermijnbijwerkingen. Verslaving aan drugs en alcohol is namelijk een bekend probleem bij mensen met AD(H)D: drugsverslaving wordt tot tien keer zo vaak gerapporteerd bij volwassenen die als kind AD(H)D hadden (je kunt er als volwassene overheen groeien), en andersom wordt bij 12-57% van de drugsverslaafden AD(H)D geconstateerd. Ook heeft 5-22% van de alcoholisten AD(H)D.[1]

PartydruKs?

Met de dilemma's die ik in het vorige hoofd stuk benoemde (nog geen enkele medicatie gevonden die werkt zonder dat ik er storende bijwerkingen van krijg) en met het verlangen ooit een medicijn te kunnen slikken waarmee ik mezelf vind, hebben de partydrugs wel de deur op een kier gezet: misschien is er in de toekomst toch een medicamenteuze oplossing voor mijn AD(H)D. Want met die middelen heb ik me een aantal keer gevoeld zoals ik mij bijna altijd zou willen voelen: ontspannen, gefocust en rustig. Zouden die drugs ooit ook druKs kunnen worden? Misschien in lage doseringen, zodat de bijwerkingen niet overheersen? Het is natuurlijk lastig dat stoffen als MDMA een reputatie hebben, en niet te vergeten: hallucinatoire effecten en ook bijwerkingen. Hierdoor worden ze waarschijnlijk niet snel onderzocht als optie. Toch zie ik dat in het buitenland al wetenschappelijke behandelstudies lopen waarbij het gebruik van MDMA onderzocht wordt in de behandeling van posttraumatische stressstoornissen. Interessant! Misschien een idee om dit ook voor AD(H)D te onderzoeken?

Ook in de jaren dertig van de vorige eeuw was er een arts (Charles Bradley, zie de geschiedenisles in het vorige hoofd stuk) die eigenlijk bij toeval een drug ontdekte die later mijn medicatie werd.

Kortom, het is niet zo dat er maar één medicijn is voor AD(H)D. De wetenschap blijft altijd zoeken naar oplossingen die misschien weer beter werken. En zo sta ik er ook in. Voor mezelf zie ik het als een *ongoing* zoektocht naar een goed gevoel. En ik denk graag out of the box – een bijwerking van mijn AD(H)D...

---

1. Stijntjes, F., Hassink-Franke, L., Kruishoop, A., Beeres, M.P.J., Eekhof, H., Van Manen, S., . . . Stoffelsen, R. (2014, november). *ADHD bij kinderen*. Geraadpleegd in mei 2020, van https://richtlijnen.nhg.org/standaarden/adhd-bij-kinderen#volledige-tekst

AD(H)D-expert Cathelijne Wildervanck over AD(H)D en de dagelijkse uitdagingen

Structuur is een geliefd én gehaat woord onder mensen met AD(H)D. Hoe vaak hoor je als AD(H)D'er wel niet: je moet gewoon structuur aanbrengen. Of: structuur is belangrijk voor mensen met AD(H)D. Ja, nogal logisch. En als je ziet hoe Francien de supermarkt door stuitert, dan is het glashelder: wat zou het heerlijk zijn als er structuur was. Maar wat is het moeilijk om die zelf aan te brengen. En als er structuur is, hoe saai is dat dan meteen ook weer. Het is een totale haat-liefdeverhouding.

Ik was een van de eerste experts die het 'je moet structuur in je dag aanbrengen' ter discussie stelde. Dat betekent niet dat ik chaos omarm, maar ik ben van de WWW: Wat Werkt Wel. Als je als AD(H)D'er al je hele leven probeert te functioneren zoals je denkt dat het zou moeten, weet je waarschijnlijk ook hoe dodelijk vermoeiend dat kan zijn. En ook frustrerend, want keer op keer wordt voor jou bevestigd dat 'je aangepaste manier' eigenlijk niet voor je werkt. Zoals Francien beter onder een brandtrap werkt dan aan een bureau, zijn er manieren die misschien voor de rest van de wereld een beetje gek zijn, maar die wél bij jou passen. En in de praktijk zie ik dat als je het zelf oké vindt om het op die manier te doen, de omgeving er doorgaans ook niet moeilijk over doet.

Op het gebied van structuur zijn er kort gezegd twee typen mensen. Je hebt mensen die gepland werken, die van A naar B naar C gaan met hun gedachten, en die wat ze denken ook in die volgorde uitvoeren. Dat zijn mensen die voorspelbaar zijn in hun gedrag en emoties – en dat is voor de omgeving fijn. En dan heb je mensen die denken van A naar oranje naar pizza en dan uitkomen op de Titanic, en ook in die volgorde hun gedrag en emoties uiten. Voor henzelf volstrekt logisch, maar voor anderen moeilijk te volgen.

Lees je dat zo na elkaar, dan zou je zeggen dat het eerste type beter is, en dat we het tweede type moeten proberen te veranderen in het eerste type. Zo werkt dat vaak in onze wereld. Maar ik ben het daar niet mee eens. Het tweede type mens hoeft helemaal niet omgebouwd en aangepast te worden – deze mensen hebben we net zo hard nodig. Zij komen op ideeën, denken out of the box, brengen andere mensen in beweging, geven met passie een draai aan de wereld. En dat hebben we ook nodig, willen we als wereld vooruitkomen (macroniveau) of in ons huishouden een beetje lol, verrassing en creativiteit hebben (microniveau). Er is een prachtig filmpje op YouTube dat '*Life=Risk*' heet. Het vertelt hoeveel beroemde mensen in hun jeugd totaal niet erkend en zelfs afgewezen werden. Mensen zoals Walt Disney, Albert Einstein, Michael Jordan – geen kleine namen!

Het probleem is vaak dat juist de mensen die lineair en logisch denken ervoor kiezen om in het onderwijs te werken of in de zorg. En dan tref je als non-lineair denkend kind dus een zeer lineair denkende juf of meester, en als volwassene een zeer lineair denkende psycholoog of psychiater. Je treft mensen die zich niet kunnen voorstellen dat het handig, lekker en fijn is om non-lineair te denken en van A uit te komen op die Titanic. Met als gevaar dat je als non-lineair denkende gaat geloven dat er met jou iets niet oké is en daarom dus gaat proberen te leven volgens de planning van een ander. Of het nu gaat om boodschappen doen of medicatie gebruiken of hoe je op je werk functioneert; op de lange termijn werkt het echt beter om te functioneren volgens je eigen handleiding in plaats van die van een ander.

Maar wat werkt dan wel? Wat te doen? Ik pleit hier niet voor 'totale gekte' en 'gooi alles aan de kant en luister losbandig naar elke impuls'. Maar ik pleit wel voor het écht leren snappen van je brein en voor werken op een manier die bij jouw denken past. Ontdek je eigen handleiding en vogel uit hoe je tot successen en gewenste eindresultaten kunt komen. En accepteer wat collateral damage her en der. Want is het nou zo dramatisch om voor eieren naar de supermarkt te gaan en met jonge kaas thuis te komen?

DEEL 3

In het koppie van een AD(H)D'er

Een slechte dag

Het is zaterdagochtend, de dag waarop de wekker niet bestaat. Ik doe mijn ogen open. En meteen weer dicht.

Einde dag.

HOOFDSTUK

Roofdier

Over ten prooi vallen aan ingewikkelde processen en continue triggers

‘Look beyond what you see.’

– *Rafiki,* The Lion King

Het schrijven van dit boek is voor mij een hele opgave geweest. Je zou denken dat het makkelijk is om simpelweg op te schrijven wat er in je omgaat, maar voor mij werkt dat niet zo. Er gebeurt namelijk behoorlijk wat in mijn hoofd. Veel en tegelijk. Schrijf dat maar eens duidelijk op. Het voelt voor mij alsof ik in een windtunnel sta en de briefjes geld mij om de oren vliegen. En ik krijg de opdracht om niet alleen al het geld te pakken, maar de briefjes tegelijkertijd ook te ordenen van klein naar groot. Niet heel makkelijk. Helemaal als je bedenkt dat ik door mijn AD(H)D het toevoegen van een bijlage aan een mail al een lastig proces kan vinden.

Processen

'Processen.' Mooi woord eigenlijk. Het lijkt op 'prinsessen'. Maar in mijn geval dan wel de prinses op de erwt, want ik ben zeer gevoelig voor processen. Een proces deel je op in stappen die elkaar logischerwijs opvolgen. Als het proces naar behoren wordt uitgevoerd volgt er een (gewenst) resultaat.

Maar ik kan mij helemaal doodstaren op intens simpele processen. Neem bijvoorbeeld een lamp vervangen. Welke lamp heb ik nodig? Waar kun je eigenlijk lampen krijgen? Hoeveel watt moet ik dan hebben? Welk soort licht is handig? En als ik de verkeerde koop, ga ik die dan ruilen? Waarschijnlijk niet, want bij omruilen of iets terugbrengen voel ik mij ongemakkelijk. Dus dan heb ik straks misschien hier een lamp liggen die ik nooit ga gebruiken, maar ook niet in de prullenbak kan donderen, omdat die daar niet hoort. En dan zit ik dus voor altijd opgescheept met dat ding. Nee, daar heb ik geen zin in. Dan maar geen lamp. Ik gebruik de zaklantaarn op mijn telefoon wel.

Zou iemand mij de juiste lamp aanreiken, dan kan ik de rest daarna prima zelf doen. Die iemand is er alleen niet altijd. Wat er dan wel is? Ik, die het proces saboteert als een ware mol: door het gehele proces te elimineren en te doen alsof het niet meer bestaat, of dat het al geregeld wordt, terwijl dat niet het geval is. Als ik een proces niet begrijp, levert mij dat zo veel stress op dat mijn hoofd zich demonstratief neerlegt bij de situatie.

Een lamp vervangen is slechts een klein voorbeeld, maar zo bestaat de hele wereld voor mij uit een veelheid aan ingewikkelde processen en gedefinieerde kaders die ik of niet zie of die voor mij als ondoorgrondelijk aanvoelen. Ik reageer daarop door te veel na te denken in plaats van te doen en dus per saldo compleet te blokkeren. Gaat iets ook maar een vleug richting ingewikkeld, dan is de kans groot dat ik het niet doe. Moet ik op een locatie zijn waar parkeren nagenoeg onmogelijk is? Ik ga niet. Reiskosten declareren? Te veel gedoe (lees: onnodig veel stappen, dus laat maar). Brief op de post doen, maar eerst nog een envelop regelen en ergens postzegels kopen? Brief gaat nooit op de post.

Ik snap dat dit misschien overkomt als lui, maar dat is het niet. Ik wil dolgraag net zo veel dingen in één dag kunnen doen als een ander. Het komt door het proces. Dat heeft altijd meerdere stappen en die worden in mijn hoofd niet zo rechtlijnig verwerkt als in een hoofd zonder AD(H)D. Ik zie niet altijd stap 1, stap 2 en stap 3. Heb ik mijn dag niet, dan zie ik helemaal geen stappen, maar vooral heel veel informatie. Ik weet niet waar ik moet beginnen, krijg stress die in mijn hoofd kan escaleren tot een error, waardoor ik ermee stop.

Processen eigen maken

Om de dingen die ik moet en wil doen te kunnen volbrengen, is het voor mij zaak dat iets overzichtelijk en begrijpelijk is. Dat lukt niet voor alles in de wereld, maar om mijzelf op dagelijkse basis fijn te voelen en goed te kunnen functioneren heb ik mij daarom een reeks van vaste processen (routines) eigen gemaakt. Door met routines te werken en die iedere dag weer stap voor stap af te werken, raak ik ermee vertrouwd en heb ik de controle.

Die routines zijn zo belangrijk, omdat een dag die voor mij slecht begint moeilijk ten positieve te keren is. Een kleine tegenslag (zoals te lang in bed blijven liggen, of een ontbrekende banaan waardoor ik mijn reguliere ontbijt niet kan klaarmaken) kan dan een grote worden en ervoor zorgen dat er helemaal niets meer uit mijn handen komt. Dat levert nog meer stress op en zo kan ik helemaal verlamd raken. Door mijn leven te structureren met eenvoudige processen, zoals een ochtend- en avondroutine, kom ik zo min mogelijk in deze situatie.

Triggers controleren

En dan ben ik er nog niet. Het volhouden van die goede, productieve flow is niet iets wat mij aan komt waaien. Daar moet ik zelf hard aan werken. Iedere dag weer. Dat doe ik allereerst door zo veel mogelijk triggers van mijn AD(H)D te elimineren. Een trigger is een prikkel uit de omgeving (externe trigger) of in mezelf (interne trigger) waar mijn AD(H)D op aanslaat. Rommel is bijvoorbeeld zo'n (externe) trigger. Die creëert voor mij, zoals voor zo veel mensen, chaos in mijn hoofd. Daar heb ik al genoeg van en dus is het voor mij zaak om te zorgen voor zo min mogelijk rommel in huis. Dit bereik ik door alles een vaste plek te geven en zo min mogelijk oppervlakken te creëren waar items eventueel op kunnen slingeren. In mijn huis dus geen overbodige kastjes of gezellige tafeltjes. Minimalistisch is in mijn geval niet alleen hip, maar ook nog eens erg functioneel.

Daarnaast voeg ik ook positieve triggers toe die mij aan een actie herinneren en zo de stap om iets te doen kleiner maken. Zoals mijn work-outmat die iedere ochtend voor me klaarligt. Een visuele trigger om mijn ochtendwork-out niet over te slaan en die routine erin te houden. En doordat de mat al klaarligt en ik 'm niet eerst ergens uit een kast hoef te trekken, is het voor mij makkelijker om eraan te beginnen.

Beloning

Mijn omgeving begrijpt vaak niet dat ik met een gerust hart aanschuif bij een latenighttalkshow of met gemak spreek voor vierhonderd volwassenen, maar niet een lamp kan verwisselen. Voor mij is het wel logisch, want ik heb het proces van voor publiek praten mij helemaal eigen gemaakt. Ik heb dat talloze keren gedaan en ik doe het nog steeds wekelijks voor het moeilijkste publiek ooit, dertig ongeïnteresseerde pubers per klas.

Daarnaast hebben we het hier over iets waar ik goed in ben. Mijn AD(H)D zit een hoop in de weg, maar lullen kan ik.

En, misschien nog wel belangrijker, voor een lamp verwisselen krijg ik niet betaald. Er zit geen duidelijke beloning aan vast. Ik ben competitief en wil altijd het beste uit mezelf halen. En het vooruitzicht van een duidelijke beloning tegenover een moeilijke opdracht kan mij zeker motiveren. Dat had ik vroeger al op school met werkstukken en toetsen. De uitdaging zat hem voor mij altijd in het behalen van het hoogste cijfer.

Helaas werkt dat niet altijd. Want voor iets essentieels als het eten van je ontbijt bijvoorbeeld, krijg je natuurlijk geen beloning. Je voelt je beter, maar dat is niet iets tastbaars. En daarom moet ik het tastbaar maken. Door bijvoorbeeld een checklist van mijn routines te maken en daarop af te kruisen dat ik heb ontbeten. Het vooruitzicht van een volledig afgestreepte to-dolijst vind ik ook niet verkeerd en helpt mij vaak op gang.

Ik kan het wel

Je zou kunnen zeggen: boeien, dan eet je je ontbijt een keer niet of sla je een keer die morningwork-out over. Kan gebeuren, toch? Voor mij niet, voor mij zijn die routines essentieel. Zo had ik gisteren een slechte dag: ik had slecht geslapen, er stond beneden een berg met afwas, ik had stress vanwege de organisatie van een vrijgezellenfeest, en de deadline van dit boek naderde heel rap maar ik kon geen chocola maken van de feedback. Niet omdat ik die niet begreep, maar omdat het te veel informatie tegelijk was. En toch moet het deze week af. Iedereen wacht op mij.

De dag ervoor voelde ik al dat het de verkeerde kant op ging. Daarom sliep ik slecht en begon ik de ochtend meteen niet goed. Ik appte mijn *call* voor het vrijgezellenfeest af, skipte het sporten, douchte snel en ging weer in mijn bed liggen. Er kwam niets meer uit mijn handen. Terwijl er juist zo veel uit had moeten komen. Maar het mooie van dagen is dat ze ook weer voorbijgaan. Vandaag is een nieuwe dag en pik ik mijn routines weer op. Die hebben direct hun effect op mijn gesteldheid en zelfbeeld, want ik voel me beter en ik lever, door stap voor stap mijn routines af te werken, de hele dag door bewijs dat ik het wél kan.

HOOFDSTUK

Vlinder

Over een wankelend zelfbeeld

‘I’ve had a lot of troubles, so I write jolly tales.’

– *Louisa May Alcott*

Het voelt voor mij fijn om tegen de richting in te gaan. Ik doe het soms bewust, maar nog vaker onbewust. Omdat ik de dingen simpelweg anders zie of voel. Maar 'anders' is in de algemene opinie 'niet normaal' en wordt, zo is mijn ervaring, vaker afgekeurd en veroordeeld. Zo ben ik regelmatig ter verantwoording geroepen of werd mijn idee of poging bij voorbaat al afgeschoten, omdat ik het niet op de gangbare manier aanpakte of het niet goed wist te verwoorden. 'Nee, zo moet het niet. Wat doe jij nou? Jij kan ook niets!' Ik hoorde het als kind, en ook als volwassene krijg ik het nog steeds weleens te horen. Dat heeft iets gedaan met mijn zelfbeeld: het heeft het omlaaggehaald. Want als je zoiets veel hoort, dan ga je het ook geloven. Daar heb ik me te vaak bij neergelegd, maar inmiddels heb ik ook geleerd dat dat niet hoeft.

Dit kan alleen maar jij doen

Vanaf moment één was ik de drukste in mijn klas op de basisschool. Ik stuiterde vol enthousiasme van tafeltje naar tafeltje. En dat viel op. Door mijn AD(H)D ben ik zeer ontvankelijk voor gevoelens van anderen. Die zucht als ik weer eens uit de bocht vloog, die opmerkingen hier en daar: ze kwamen allemaal rechtstreeks bij mij binnen. Ik voel mij daardoor dus al vanaf jonge leeftijd genoodzaakt om mezelf in het gareel te houden. Maar hoe harder ik dat probeer, hoe erger het misgaat.

Zo was ik ooit eens op het verjaardagsfeestje van een klasgenootje. Keurig meisje, keurige ouders. Ik probeerde mij voorbeeldig te gedragen. We speelden met waterballonnen en op een gegeven moment won mijn opwinding het van mijn voornemen om rustig aan te doen, en gooide ik onbedoeld in mijn enthousiasme een waterballon naar de camera waarmee de moeder van het meisje aan het fotograferen was. Die flipte de pan uit. Ze pakte mij bij mijn arm en riep waar iedereen bij was: 'Dit kan alleen maar jij doen!' Ik werd publiekelijk terechtgezet en voelde direct schaamte. Geen haar op mijn hoofd die dacht dat die moeder misschien een tikje overdreven reageerde. Ik zocht het meteen bij mijzelf.

Het is een van mijn jongste herinneringen aan ter verantwoording worden geroepen. En die hakte er flink in. Ik was gewoon mezelf, meer niet. Maar dat was schijnbaar fout. En waar er bij andere kinderen misschien ook weleens iets misgaat en een vaas om wordt gegooid of op de muur wordt getekend, was het voor mij iedere keer weer een bevestiging dat ik anders was.

Thuis gebeurde dit overigens nooit. Mijn ouders hebben er altijd voor gezorgd dat ik een fijn thuis had waar ik helemaal mezelf kon zijn. Francien was gewoon Francien en dat was prima. Maar als ik dan weer bij een vriend of vriendin kwam spelen en de breekbare dingen werden direct weggezet omdat ík binnenkwam, dan werd ik er meteen weer aan herinnerd: o ja, ik ben schijnbaar anders.

Typisch AD(H)D

Ik merk dat hoe ouder ik word, hoe meer ik bezig ben met 'normaal' en of ik dat ben. Het was als kind niet altijd even leuk om te horen of te voelen dat ik anders was, maar naast die nare momenten dacht ik er zelf eigenlijk niet zo heel veel over na. Ook omdat ik er meestal wel mee wegkwam. Niet kunnen stilzitten in een kringgesprek als kleuter wordt toch net iets meer geaccepteerd dan niet kunnen stilzitten in een werkmeeting. Nu ik word geconfronteerd met het volwassen leven, ga ik steeds vaker aan mezelf twijfelen. Omdat ik meer verantwoordelijkheden heb, maar ook doordat ik als volwassene gediagnosticeerd ben. Ik heb nu pas officieel het label AD(H)D. En waar ik eerst misschien dacht: typisch Francien dit. Kan ik nu op onzekere momenten weleens denken: typisch AD(H)D dit. Mijn volwassen ik is zich extra pijnlijk bewust van mijn anders-zijn.

Onehitwonder

Door keer op keer in mijn leven te ervaren dat ik schijnbaar op een negatieve manier anders ben, is mijn zelfbeeld niet al te goed. Wat ik daarvan merk is dat ik vaak bij voorbaat al op eieren loop, niet durf door te vragen uit angst dom over te komen, of mijn drukke gedrag al van tevoren aankondig, terwijl het misschien helemaal niet gaat komen. En soms spoelt de onzekerheid als een grote donkere golf over mij heen. Als ik bijvoorbeeld mijn dag niet heb op mijn werk en alles wat ik nog moet doen boven mijn hoofd hangt als een groot zwaard van Damocles. Hoofd- en bijzaken zie ik dan niet meer, ik heb geen enkel idee waar te beginnen en hoe dit ooit nog allemaal te kunnen volbrengen. Op zo'n moment komen al die kleine en grote steken die ik door de jaren heen heb gehad boven in de vorm van een klein, zeer irritant stemmetje in mijn hoofd: 'Zie je wel, je kunt het niet alleen. Jij kunt nooit iets afmaken. Dit wordt helemaal niets. Stop er maar mee.'

Mijn twijfel zit 'm overigens niet in mijn ideeën. Want daar twijfel ik nooit aan. Mijn ideeën ontstaan vaak op het moment dat ik compleet ongeremd en enthousiast in mijn hoofd een onverwacht verband leg, en er nog geen verwachtingen zijn. Dan shine ik. Pas bij de uitvoering slaat de twijfel toe. Kan ik het wel afmaken? Het is mij immers al zo vaak niet gelukt. En ja, ik heb misschien wel het een en ander weten te produceren in het verleden, maar wat nou als ik een onehitwonder ben? Wat nou als ik deze keer door de mand val?

Verbloemen

Laatst kwam ik het onderstaande stukje tekst tegen in het boek van mede-AD(H)D'er Elise Cordaro. Het was misschien wel de eerste keer dat ik stilstond bij iets wat ik al jaren als de normaalste zaak van de wereld beschouwde. Namelijk dingen verhullen die als niet-normaal beschouwd worden om toch mee te draaien in de maatschappij:

'Veel AD(H)D'ers met een normale tot hoge intelligentie zijn bijzonder goed in het camoufleren van symptomen en het ontwikkelen van manieren om ermee om te gaan. Hierdoor is het niet altijd duidelijk en waarneembaar dat iemand AD(H)D heeft. In sommige gevallen ook niet voor de persoon zelf. Die beschouwt het als normaal, omdat hij of zij niet anders gewend is. Vaak ontstaat zoiets al onbewust in de kindertijd. Waardoor men soms onnodig lang rondloopt zonder te weten (lees: zonder diagnose) wat er precies aan de hand is. Maar vanbinnen is er wel degelijk wat aan de hand in de vorm van stress en gevoelens van onmacht.'[1]

Ik heb als een ware kameleon leren *in blenden* en ben behoorlijk goed geworden in het verbergen van mijn AD(H)D. Je moet wel, als je wilt kunnen functioneren op plaatsen als school en werk. En om te voldoen aan de normen om erbij te horen. Maar ook om mezelf te beschermen tegen negatieve reacties en mijn zelfbeeld in stand te houden. Zo heb ik heel lang overal en nergens stiekem powernaps gedaan, uit het zicht van anderen. Als kind is het normaal dat je meerdere malen op een dag kort slaapt, maar voor volwassenen is dat een ander verhaal. Maar tot mijn diagnose heb ik niet geweten dat ik die powernaps nodig heb vanwege de prikkelverwerking die gedurende de dag op volle toeren draait. Dat kost heel veel energie en maakt mij, ondanks mijn hoge energieniveau, extreem moe. Logisch dat ik dan af en toe even moet liggen. Maar omdat ik om mij heen zag dat het niet gangbaar was, ben ik dat gaan verbergen. Bijvoorbeeld: door er zonder iets te zeggen tussenuit te piepen (hallo schoonmaakhok en kolfkamer) en erover te liegen als iemand ernaar vroeg. En hoewel ik nu weet waar het vandaan komt en het makkelijk zou kunnen uitleggen, ben ik er nog steeds niet heel graag open over uit angst voor oordelen.

De verbloemtechnieken die ik gebruik(te) om mijn AD(H)D te camoufleren zijn niet altijd even mooi, maar ik heb ze voor dit boek geanalyseerd en deel ze graag, omdat het belangrijk is bij het inzicht krijgen in het waarom.

Verbloemtechniek 1: De Francinnovatie

Verbloemtechniek van het eerste uur: negeren dat iets niet

lukt op een normale manier, en gewoon een andere manier zoeken waarop het wel lukt. Al van jongs af aan ben ik koningin 'Dingen op een andere manier doen'. Ik heb er zelfs een woord voor gecreëerd: Francinnovatie. Die Francinnovaties zet ik in als het mij niet lukt om recht over de spreekwoordelijke berg te gaan en ik dus een andere weg links, rechts of eronderdoor moet zoeken.

Een voorbeeldje. Toen ik op het hbo terechtkwam, had ik moeite met de hoeveelheid lesstof. Ik moest opeens hele boeken in mijn hoofd stampen. En dat was voor mij wel een dingetje, want zitten aan de keukentafel en studeren werkte voor mij voor geen meter. Dus moest ik een manier vinden om mij te kunnen concentreren. Mijn oplossing: met de trein van Utrecht naar Groningen en terug. Zonder ook maar uit te stappen. Ik was dan heen en weer precies vier uur en vier minuten onderweg. Me concentreren lukte in de trein wel goed, want het constante geluid van de trein vlakte ander omgevingsgeluid uit. En het reizen was gratis met dank aan mijn week-ov. Misschien niet helemaal een gebruikelijke manier van studeren, maar ik kan hem iedereen aanraden (misschien voor de NS zelfs een leuk businessidee: de studie-stiltecoupe tijdens tentamenweken). En normaal of niet-normaal, ik heb wel mijn diploma gehaald.

Deze verbloemtechniek werkt voor mij perfect. Ik heb er al een hoop door bereikt en deze manier van handelen is voor mij een soort van tweede natuur geworden. Maar het is wel zo dat nu ik volwassen ben ik steeds vaker achteraf besef dat dit niet helemaal de normale weg was. Daardoor wordt stap 1 van deze strategie (het negeren van waarom iets niet lukt) steeds moeilijker. Kan ik mij niet over stap 1 heen zetten, dan ga ik door naar een andere verbloemtechniek.

Verbloemtechniek 2: Vluchten

Ik kan het toch niet, dus waarom überhaupt nog een poging doen? Ik kap ermee. Door de handdoek vroegtijdig in de ring te gooien, breng ik vaak anderen in de problemen. En in conflicten ben ik ook niet goed. Het liefst ga ik die dan ook uit de weg. Ik wil niemand kwetsen en ik wil mezelf beschermen, omdat ik er vrijwel altijd van uit ga dat een conflict aan mij ligt. Dat ík weer iets verkeerd gedaan heb. Dat is mij immers zo vaak verteld. En dan kan ik heel resoluut zijn: zonder gesprek of enig overleg het contact verbreken, omdat ik denk dat die persoon toch niet meer op mij zit te wachten en ik dat ergens ook wel begrijp. Maar dat komt dan juist weer heel hard over. En het is onnodig, want ik zou ook het gesprek aan kunnen gaan en kunnen uitleggen wat er aan de hand is, waarom ik iets wel of niet gedaan heb, en dat mijn intenties goed waren. Aan de andere kant hoef ik ook niet over mij heen te laten lopen. Het ligt echt niet bij voorbaat al aan mij. Mijn mening mag ook gehoord worden. Dat weet ik ook wel. Mensen vertellen mij dat ook. Maar... nou ja, ik werk eraan.

Verbloemtechniek 3: Negatief vervangen door positief

Meestal komt deze voort uit de collateral damage van een andere verbloemtechniek. Een verbloemtechniek in een verbloemtechniek dus. Jawel. Het is natuurlijk een onwijs klotegevoel als iets stukloopt, een vriendschap of een baan, door mijn eigen toedoen. Het liefst kom ik dan zo snel mogelijk van dat gevoel af door het te vervangen door iets nieuws, iets positiefs. Zo werd vorig jaar mijn contract niet verlengd en dat voelde als falen. Zeker omdat ik weet dat ik het wel in mij heb, maar dat het er daar niet uit kwam omdat ik ten prooi viel aan de werkomgeving. Een open kantoortuin, een onbeperkte voorraad snoep en ingewikkelde processen met te veel betrokkenen op één project... We waren gewoon geen match.

Na de mededeling dat mijn contract niet verlengd werd, gaf ik mezelf geen tijd om er nog verder over na te denken. Ik liet het gevoel van afwijzing überhaupt niet toe, want ik richtte mijn pijlen meteen op iets nieuws. Diezelfde middag nog stuurde ik een bericht naar Blossom Books met het idee voor twee boeken (waaronder DRUKS) die ik al een tijdje in mijn hoofd had. Alle beren die ik eerst op de weg zag, waren er opeens niet meer, want de noodzaak van een nieuw lichtpuntje gaf me het laatste duwtje in de rug. Ik probeer dus vaak uit een negatieve situatie iets positiefs te halen, zodat mijn zelfbeeld intact blijft en ik het negatieve gevoel niet lang hoef te voelen. Want als ik te lang blijf hangen in dat negatieve, heeft dat niet alleen een weerslag op mijn zelfbeeld, maar ligt ook de donkere wolk weer op de loer.

Verbloemtechniek 4: Liegen

Ik ben er niet trots op, maar ik loog in het verleden vaak om de gevolgen van mijn gedrag te ontlopen. Zeker toen ik nog ongediagnosticeerd rondliep. Ik deed dat omdat het voor mij voelde als de snelste en makkelijkste weg om te ontkomen aan een confrontatie en de daarbij behorende stress. Bijvoorbeeld: 'Francien, zit de deur op slot?' En dat ik dan volmondig ja zeg, omdat ik geen zin heb om te vertellen dat ik het waarschijnlijk compleet vergeten ben. Om vervolgens thuis een boze broer aan te treffen, omdat de deur niet op slot zat.

Pas toen dit aan bod kwam bij de psycholoog en we bespraken welke gevolgen dit voor andere mensen heeft, werd ik mij bewust van het liegen. We ontdekten ook dat ik loog, omdat ik een ander niet wilde kwetsen. Ik dacht namelijk dat ik dat zou doen als ik de waarheid sprak. Terwijl je juist iemand veel harder kwetst als je niet de waarheid spreekt en hij of zij daarachter komt.

Ik doe het nu bijna niet meer, dat liegen (leugentje om bestwil?). Alleen in sommige situaties is het nog een techniek waar ik mij achter verschuil. Ik vind het namelijk nog steeds doodeng om eerlijk te zijn als iemand mij vraagt wat ik (echt) van iets vind. Helemaal als ik het dan drie keer niets vind. Geef ik echt mijn mening, dan kan dat er ongenuanceerd uit komen en dan doe ik iemand pijn. Dat doe ik liever niet en dus lieg ik bijvoorbeeld dat ik het goed of mooi vind, of dat ik denk dat het wel gaat werken. Terwijl ik dan eigenlijk al weet dat dit niet het geval is.

In het verleden was heel veel liegen voor mij een teken van dingen niet onder controle hebben. Dan lukte het niet, kwam ik gemaakte afspraken niet na en probeerde ik de narigheid die daaruit voortkwam te ontvluchten. Wat het alleen maar moeilijker en ingewikkelder maakte. Ik ben hier, op een paar leugens na, ook nog nooit mee weggekomen. Vroeg of laat volgde altijd een confrontatie waarbij ik nergens tegenin durfde te gaan, want ik was toch degene die loog. Dus ik hoorde het aan en bekende meteen op alle punten schuld, ook als het niet (helemaal) zo was. Ik was dan zo bang om nog meer kwaad aan te richten en verkeerde dingen te zeggen. Daarom nam ik liever alle schuld op me, zodat de ander het leed bespaard bleef, maar waardoor zaken ook onuitgesproken bleven en het soms zelfs het einde van waardevolle vriendschappen betekende. Een beter idee zou zijn om mijn problemen gewoon bespreekbaar te maken. En dat is ook precies wat ik vandaag de dag meer probeer te doen. Het bespaart alle partijen een hoop shit. Deze verbloemtechniek, liegen, is dus zeker geen aanrader. Die werkt slechts een seconde en daarna komt er alleen maar meer narigheid van.

Verbloemtechniek 5: Doen alsof ik het snap

Ik snap niet altijd alles direct als het eenmaal of tweemaal is uitgelegd. Toen ik startte bij mijn huidige baan werd ik beheerder van een sociaal intranet. Het CMS-systeem (de achterzijde van het intranet) voelde voor mij als compleet onlogisch. Of dat aan mij of aan het systeem lag weet ik niet. Ik had een heel lieve collega die mij uitlegde hoe dingen werkten. Voor haar was het allemaal heel logisch, maar ik snapte er soms helemaal niets van. Toch zei ik dan uit aardigheid dat ik het snapte. Terwijl het compleet tegenovergestelde het geval was. En vervolgens zat ik me dan twee uur helemaal blind te staren op een simpele handeling als het uploaden van een afbeelding. Ik durfde dan niet nog een keer om dezelfde uitleg te vragen. Bang dat zij mij misschien als irritant zou ervaren en bang om gezichtsverlies te lijden en als 'dom' gezien te worden.

Want ik ben niet dom. Ik ben slim. Ik ontvang en verwerk dingen anders, en geef ze op een andere manier een plek in mijn hoofd. Een logische uitleg is voor mij dus niet altijd logisch. Weten mensen dat, dan vind ik het heel fijn als het mij gewoon op de vrouw af wordt gevraagd: 'Snap je het echt? Of doe je nu alsof je het begrijpt? Ik wil het je met liefde uitleggen.' Dat zorgt ervoor dat ik een volgende keer misschien wel durf toe te geven dat ik er de ballen van begrijp.

Verbloemtechniek 6: Een ander laten besluiten

Ik vertrouw mijn eigen besluitvorming niet altijd, omdat die vaak op gevoel gaat (en mijn gevoel gaat alle kanten op) en niet altijd op rationaliteit. Zo heb ik tijdens mijn studententijd op basis van dat gevoel een studio gekocht. Alle waarschuwingen dat het geen goede aankoop was wuifde ik weg, want ik moest en zou daar gaan wonen. Om er vervolgens tien jaar aan vast te zitten en er al na een halfjaar achter te komen dat het een financieel risicovol product was.

Om dit soort impulsbeslissingen (een huis kopen behoort geen impulsbeslissing te zijn, maar dat was het dus wel) te voorkomen, raadpleeg ik tegenwoordig een collega, vriend en/of een familielid. Ik leg hun mijn dilemma of keuze voor en laat hen vervolgens een besluit nemen. Dat besluit neem ik dan over. Hiermee hoop ik mijn impulsiviteit te verbloemen of te ondervangen. Terwijl ik er juist bij gebaat ben om besluiten *all by myself* te nemen en te beseffen dat het ook gewoon goed kan gaan. Leren op mijzelf te vertrouwen – dat is iets waar ik hard aan werk.

Mijn zelfbeeld is niet wie ik ben

Soms lonkt het behoorlijk om in mijn bed te gaan liggen met de dekens over mijn hoofd en alle negatieve gedachten over mezelf de vrije loop te laten. Maar het zou zonde zijn, want mijn zelfbeeld bestaat uit meer dan de dingen die ik mezelf vertel en die anderen mij verteld hebben. Dat hoeft helemaal niet de waarheid te zijn. Ik geloof heel sterk dat je altijd de optie hebt om te kiezen wie je wilt zijn en daar je acties op aan te passen. Gewoontes en patronen zijn lastig om te veranderen, maar dat betekent niet dat je ze dan maar moet laten. Door er bewust iedere dag een stap in te maken, hoe klein die ook is, kom je er wel.

Zoals met dit boek. Met de eerste hoofdstukken op papier zetten worstelde ik in het begin behoorlijk. Zo erg, dat ik me op een gegeven moment steeds meer als faler en steeds minder als schrijver zag. Ik ben hier uiteindelijk uit gekomen door iedere dag tegen mezelf te zeggen dat ik toch écht wel een schrijver was zolang ik iedere dag iets zou schrijven. Het hoefde helemaal niet perfect te zijn, maar het ging erom dat mijn acties aansloten bij wie ik wilde zijn: een schrijver. Het dagelijks schrijven bracht mij weer in beweging en na een tijdje ging het weer vanzelf.

Ik heb vaak genoeg gedacht dat ik vanwege mijn AD(H)D tot weinig ingewikkelde dingen in staat was. En ik zie dat ook bij veel mede-AD(H)D'ers om mij heen. Dat komt omdat we met name bewijs hebben verzameld van dingen die niet gelukt zijn en daar onze bevestiging in hebben gevonden. Maar wat nou als we dat loslaten en juist bewijs gaan verzamelen van dingen die wél lukken? En het liefst op een zichtbare manier zodat je er niet meer omheen kunt? Door bijvoorbeeld heel simpel een kruisje te zetten op een kalender als ik geen Coca-Cola Zero gedronken heb. Of door een heel mooi cadeau voor mezelf te kopen bij een succes op werkgebied. Heb ik dan een keer een slechte dag, dan zie ik al die successen om mij heen. Dan zie ik dat ik het wél kan. En dan realiseer ik mij: deze slechte dag ben ik niet.

---

1. Cordaro, E. (2019). *Anders gaat ook. Hoe ik functioneer met autisme en ADHD.* Antwerpen: Houtekiet.

HOOFD STUK

Doods-hoofdaap

Over donkere gedachten

‘Stars can’t shine without darkness.’

– unknown

De meeste mensen kennen mij als een stuiterend blij ei. En meestal ben ik dat ook wel, maar ik heb door mijn AD(H)D ook regelmatig donkere gedachten. Iedereen heeft weleens een keer een slechte dag, maar bij mij gaat dat soms net een tikje verder. Dat is niet een baaldagje, maar echt een zwarte wolk in mijn hoofd. Een aantal keer per jaar heb ik last van de 'light variant'. Deze is intens, maar ook vaak van korte duur. En hij is niets vergeleken met de 'hardcore variant', die eens in de zoveel jaar de kop opsteekt. De donkere gedachten houden dan zo lang aan dat ze mijn functioneren compleet blokkeren. Het is dan zo erg dat de dood als ultiem punt van rust begint te lonken, als ontspanning van mijn verantwoordelijkheden.

Under pressure

Begrijp me niet verkeerd, ik wil niet dood. Ik heb meer dan eens van dichtbij meegemaakt wat zelfdoding teweegbrengt, vooral bij de achterblijvers. Dat is niet iets wat ik zou willen. Maar het leven en de verantwoordelijkheden die daarbij horen, vallen mij als AD(H)D'er soms zwaar. Omdat ik niet altijd kan voldoen aan de eisen en verwachtingen van de maatschappij of mijn omgeving. Ik noem: een baan hebben en houden, gemaakte afspraken nakomen, mijn financiën op orde houden, fatsoenlijk eten, opgebouwde contacten onderhouden, mijn kamerplanten niet dood laten gaan – en zo kan ik nog wel even doorgaan.

Naarmate ik ouder word, vraagt het leven een grotere verantwoordelijkheid. Die druk, daar ga ik meer dan eens aan ten onder als iets simpels weer niet lukt. Zo had ik bijvoorbeeld een broek die ik al een tijdje moest terugsturen naar de fabrikant, omdat hij snel stuk was gegaan. In principe iets wat zo gedaan kan zijn, maar ik vind het gedoe. Een doos vinden, de retourbon uitprinten (wie heeft er nog een printer *these days*?!), plakband zoeken, alles in de doos doen, dichttapen, postkantoor bezoeken, te veel geld betalen voor het versturen van een simpel pakketje – mijn AD(H)D maakt hier een soort onmogelijke klus van. En dus laat ik het maar. Ondertussen blijft die broek ter waarde van € 149,- steeds als ik hem zie liggen, een pijnlijke reminder van iets dat mij niet gelukt is. Het voelt voor mij als een bevestiging dat ik tekortschiet. Dat ik zelfs het makkelijkste niet altijd zelf kan. Zoiets ogenschijnlijk kleins wordt dan heel groot en kan ervoor zorgen dat ik mij de hele dag verslagen voel. Ik sluit me dan af voor mijn omgeving, zeg gemaakte afspraken af en wil alleen maar slapen, in de hoop dat als ik wakker word de dag voorbij is.

En niet alleen het gevoel van falen, maar ook verveling en andere tegenslagen komen bij mij hard aan. Met verveling bedoel ik dagen die uitzichtloos zijn, omdat er te weinig gebeurt. Ik zou het liefst willen dat elke dag anders is en dat ik van alles meemaak, maar zelf daartoe het initiatief nemen vind ik dan weer lastig. En dus blijf ik zitten waar ik zit en doe ik vrijwel niets. De verveling die ik dan ervaar kan heel leeg en eenzaam aanvoelen. Ook de weersomslag na de zomer vind ik heftig. De herfstdip is voor mij ieder jaar weer een groot risico voor een reeks aan donkere dagen. Vandaar dat je mij in november vaak in het zonovergoten Kaapstad aantreft, waar de vroege ochtendzon en een goede work-out wonderen doen voor de gesteldheid van mijn hoofd.

Minder dopamine

Lichamelijk gezien gebeurt er ook iets in mijn lichaam waardoor ik vatbaarder ben voor negatieve gedachten. Door mijn AD(H)D heb ik namelijk een ontregelde afgifte van dopamine. Dit komt erop neer dat ik minder van dit stofje dat je blij maakt aanmaak. Dit in combinatie met de tegenslagen van simpele dingen in het leven die maar niet willen lukken, zorgt ervoor dat AD(H)D'ers een verhoogde kans hebben op depressie. In een Nederlands onderzoek uit 2001 onder 141 volwassenen die voor AD(H)D bij een psychiater onder behandeling waren, bleek circa vier van de vijf patiënten last te hebben van een of meer bijkomende stoornissen. Het ging daarbij met name om angststoornissen, depressie, verslavingsproblemen en persoonlijkheidsstoornissen.[1] AD(H)D heeft dus ook vaak een donkere kant waar veel mensen geen weet van hebben.

DENK JE AAN ZELFDODING? SCHAKEL HULP IN!

Als zelfdoding weleens door jouw hoofd gaat, kun je hierover (anoniem) praten via de Zelfmoordpreventielijn. Er staat een team van deskundige vrijwilligers voor je klaar die dag en nacht gratis bereikbaar zijn. Je hoeft geen gegevens door te geven, alleen een (zelfverzonnen) naam.

Nederland

De Zelfmoordpreventielijn is te bereiken op 0900-0113. Het is ook een optie om contact met de vrijwilligers op te nemen via de chat. De chat is dag en nacht bereikbaar via de website www.113.nl. Elk gesprek is anoniem en gratis.

België

De Zelfmoordlijn 1813 is te bereiken op 1813. De chatdienst van de Zelfmoordlijn 1813 is elke avond geopend tussen 18.30 en 22.00 uur op www.zelfmoord1813.be. Elk gesprek is anoniem en gratis.

Onder de mensen blijven

Op de dagen dat ik het liefst de hele dag in mijn bed wil blijven liggen, is het voor mij essentieel om precies het tegenovergestelde te doen: opstaan en naar buiten. Hop, onder de mensen. De donkere gedachten kunnen namelijk verdwijnen of worden in ieder geval minder als ik erover praat met iemand die ik vertrouw. Meestal is dat een hulpverlener, die staat namelijk ver genoeg van mij af en kan wat ik denk voor mij in perspectief zetten en me laten inzien waar het vandaan komt én hoe ik er weer uit kom. Af en toe is het een goede vriend of vriendin die niet schrikt van mijn gedachten. Die ze gewoon aanhoort, niet veroordeelt en vervolgens voor afleiding zorgt door iets met me te ondernemen.

Aan mensen en vrienden heb ik in mijn leven nooit een

gebrek, want ik ben een sociaal dier. Maar toch kan ik mij op donkere momenten heel eenzaam voelen, omdat ik dan vastzit in mijn eigen hoofd. Door erover te praten kom ik los van mijn hoofd. Door dingen te ondernemen kom ik los van mijn gedachten. Dat haalt me letterlijk uit mijn hoofd: want wie bezig is, hoeft minder na te denken over zichzelf. Al is het maar voor even. En dat helpt.

Hulp

Het meest ideale scenario is natuurlijk dat het niet zo ver komt. Om donkere dagen tegen te gaan is het voor mij zeer belangrijk om proactief hulp te vragen. Zo zou ik bijvoorbeeld samen met een vriendin die broek op de post kunnen doen. Daarmee kan ik ondervangen dat zoiets groter wordt en ik echt in een depressie schiet. Want dat is het, een depressie, ondanks het feit dat ik dan meestal nog redelijk kan functioneren. Ik krijg vaak hulp, van zowel vrienden als professionals, en dat is fijn. Daar ben ik heel blij mee. Maar het moeilijke is dat ik het natuurlijk ook allemaal zelf wil kunnen, dat ik niet afhankelijk wil zijn van anderen. Gelukkig kan ik vaak genoeg dingen helemaal alleen. Dat geeft dan weer moed. Maar die donkere gedachten kan ik alleen voorkomen als ik eerlijk naar mezelf ben en het dus ook durf toe te geven wanneer iets niet gaat en ik hulp nodig heb.

Antidepressiva

Soms, als hulp vragen niet gelukt is en dingen ondernemen en praten met professionals en vrienden niet meer helpt, en ik voor langere tijd in mijn donkere gedachten blijf hangen, dan moet er zwaarder geschut komen om mij eruit te krijgen. Ik heb het in het vorige deel al kort besproken: de medicatie bupropion, een antidepressivum dat ik soms krijg voorgeschreven om het duister uit mijn hoofd te krijgen. Het is niet bedoeld als een blijvend medicijn, maar slechts om mij op weg te helpen om weer mezelf te kunnen zijn. Door bupropion kan ik weer functioneren en dingen afmaken. Daardoor krijg ik weer een beter gevoel over mezelf, waardoor ik weer hulp durf te vragen en beter en meer met anderen over mijn gedachten durf te praten. Het zorgt ervoor dat ik weer in de flow kom en dat ik de dagen weer leuk vind. En heb ik dat punt bereikt, dan kan ik het weer zonder medicatie. Gelukkig komen dit soort periodes van diepere depressie maar eens in de zoveel jaar voor. Want door hard werken blijft het nu gelukkig bij af en toe een k*tdag.

Doodgewoon

Ook op niet-donkere dagen is de dood een thema in mijn hoofd. Je zou kunnen zeggen dat ik van jongs af aan al een fascinatie voor de dood heb. Ik denk dat dat zo is omdat ik door mijn AD(H)D al meerdere malen door het oog van de naald ben gekropen. Ze zeggen weleens 'een ongeluk zit in een klein hoekje', maar bij een AD(H)D'er is dat hoekje net iets minder klein. Ik realiseer mij wel degelijk dat mijn soms risicovolle gedrag ook niet goed kan aflopen. Dat ik zomaar eens onder een bus kan komen als ik weer totaal afgeleid en in mijn hoofd bezig met duizend dingen, een kruispunt oversteek. Of als ik heel impulsief besluit in te gaan op een lift aangeboden door twee vrachtwagenchauffeurs (waargebeurd). Door dat soort acties heb ik het idee dat ik net even iets sneller in aanmerking kom voor de dood dan een ander zonder AD(H)D. Voor dit boek ben ik gaan kijken of er misschien studies zijn over dit onderwerp en ik vond inderdaad een Deense studie waaruit bleek dat mensen met AD(H)D een grotere kans hebben om vroegtijdig te overlijden door bijvoorbeeld ongelukken.[2] Mijn gevoel is dus juist. Je zou denken dat ik even schrok van deze ontdekking. Maar niets is minder waar. Ik heb inmiddels zo vaak over de dood nagedacht, dat ik hem inmiddels niet meer eng vind.

Welkom op mijn uitvaart

Ik zeg weleens: ik ben bevriend met de dood. Wat ik daarmee wil zeggen is dat ik hem niet schuw. Hij is welkom in mijn hoofd. Ik kijk niet weg als hij in mijn gedachten ronddwaalt en ben niet bang om met hem het gesprek aan te gaan. Mensen met AD(H)D hebben door hun ongefilterde brein vaak een levendige fantasie, wat maakt dat ik in mijn leven al vele uren zoet ben geweest met het fantaseren over de dood.

Zo gaf ik mijn moeder op mijn twaalfde bijvoorbeeld een draaiboek (het telde één pagina) van mijn begrafenis. Weer eens wat anders dan een tekening. Ik heb het draaiboek overigens nog steeds in gebruik en herschrijf het iedere twee jaar. Wie mogen er wel komen, wie niet? Wie moet mijn kist dragen? Er is ruimte voor een speech van iedereen. Hoelang dat ook gaat duren. Normaal worden tijdens de dienst drie nummers gedraaid, maar ik heb inmiddels meerdere playlists aangemaakt in Spotify, dus de organisatie van mijn uitvaart kan wel even vooruit. Van mij mogen ze de complete

Hitzone-collectie van 1 tot 50 op repeat zetten. Ik hoop dat iedereen op zijn mooist komt, dus in kleding waarin hij of zij zich prettig voelt. Het liefst lekker kleurrijk, daar houd ik van. Mijn afscheid gaat een feestje worden en ik zou het helemaal gaaf vinden om er zelf bij aanwezig te zijn. Dan kan ik alles op de voet volgen. Wie moet er om mij huilen? Wie komt er terwijl ik die persoon echt niet had verwacht?

Ik kan me voorstellen dat niet iedereen zo uitgebreid over zijn begrafenis nadenkt. De meerderheid denkt er vast liever niet over na. Maar wat dit betreft ben ik blij met mijn ongefilterde hoofd, want geen taboe blijft onbesproken en dat haalt ook een hoop angst weg. Het kan op donkere dagen juist het duister in mijn hoofd verlichten, omdat ik het worstcasescenario al helemaal heb ontleed.

Geen zorgen

Die donkere gedachten zijn er op de achtergrond altijd en zo nu en dan komen ze even om het hoekje kijken. Inmiddels omarm ik ze als onderdeel van wie ik ben, omdat ik weet waar ze vandaan komen en ook weet wat ik moet doen om ze weer weg te krijgen. Zijn ze er, dan moet ik in plaats van over-denken vaker bewust uit mijn hoofd treden door dingen te doen. Dan verdwijnen ze vanzelf weer naar de achtergrond. Niemand in mijn omgeving hoeft zich daar ook zorgen om te maken. Ik trek vanzelf wel aan de bel bij een hulpverlenende instantie als het duister in mijn hoofd te aanwezig is. Toch kan ik mij voorstellen dat mensen misschien een naar gevoel krijgen bij het lezen van dit hoofd stuk. Maar dat is nergens voor nodig. Deze donkere gedachten zijn fases, ze gaan ook weer voorbij. Het zijn minder mooie periodes, maar ze zijn voor mij niet eng. Ik zie het als iets wat hoort bij mij en mijn AD(H)D. Leven met AD(H)D kan soms ook pittig en overweldigend zijn, maar meestal toch nog altijd te gek.

---

1. Kooij, J.J.S., Aeckerlin, L.P. & Buitelaar, J.K. (2001). Functioneren, comorbiditeit en behandeling van 141 volwassenen met aandachtstekort-hyperactiviteitsstoornis (ADHD) op een algemene polikliniek Psychiatrie. *Nederlands Tijdschrift voor Geneeskunde*, 145:1498-501.
2. MacGill, M. (2015, 26 februari). *ADHD 'doubles the risk of early death'*. Geraadpleegd in mei 2020, van https://www.medicalnewstoday.com/articles/289931#1

HOOFDSTUK

Vallhund

Over het IKEA-moment

‘I’m not giving up,
I’m just starting over.’

– *unknown*

Dit is niet voor niets het laatste hoofd stuk van dit deel. Het is namelijk de optelsom van alles wat je hiervoor gelezen hebt. De processen die niet lukken, mijn zelfbeeld dat afbrokkelt, de donkere gedachten: dit hoofd stuk gaat over de totale crisis waar ik om de paar jaar mee te maken heb. Het gaat op zo'n moment goed fout en mijn AD(H)D zorgt ervoor dat het escaleert. Voor mij is zo'n crisis inmiddels bekend terrein en ik weet ook precies hoe ik hier zo snel mogelijk weer uit kom: alles wegflikkeren en gewoon opnieuw beginnen met het uitvogelen van mijn leven. Als een voortvluchtige die ontmaskerd is ga ik op zoek naar een nieuwe plek. Ik noem het ook wel 'het IKEA-moment'.

Een frisse start

Jarenlang gaat het relatief *steady*, ik heb alles op de rit en ik zit heerlijk op mijn spreekwoordelijke IKEA-stoel met vier poten. Elke poot symboliseert een steunpilaar waarop mijn leven gefundeerd is: liefde en vriendschap, werk, huis en sport. Dan gebeurt er iets in mijn leven waardoor er een poot begint te wankelen en ik in (mentale) disbalans kom. Meteen gaat mijn AD(H)D zagen aan de andere poten en niet veel later begint de ene na de andere poot het te begeven. Waar ik eerst nog comfortabel op mijn stoel zat, zit ik nu op de grond. Crisis. En die crisis voelt in mijn ogen zo groot en zo erg dat ik compleet opnieuw moet beginnen. Ik doe niet eens de moeite om te kijken of ik nog iets kan repareren. Ik schuif gewoon de stukken stoel weg en stap in mijn auto richting IKEA om een nieuwe aan te schaffen.

Ik snap dat het bovenstaande misschien klinkt als vluchten, maar dit is toch echt iets anders. Een IKEA-moment is nog net een stap erger. Het is de error onder de errors. Het is mezelf helemaal kwijt zijn. Waardoor ik niets stabiels in mijn leven meer lijk vast te kunnen houden. Om op dat punt te komen heb ik zo veel energie gestopt in het vechten tegen en functioneren met mijn AD(H)D, dat ik een totale AD(H)D-meltdown heb. De computer crasht en hoe graag ik ook de bestanden die nog openstonden wil redden, er is niets aan te doen. Mijn hele leven lijkt in elkaar te storten. En ik doe niets. Ik sta erbij en ik kijk ernaar. Dat komt wellicht laf over en het is zeker niet altijd fair – want door van de situatie en mijn verantwoordelijkheden weg te lopen, raak ik ook andere mensen. Ik ben hier al meer dan eens een vriendschap of zakelijk contact aan kwijtgeraakt. Maar op zo'n moment kan ik voor mijn gevoel niet anders. Mijn hoofd is helemaal vastgelopen en moet eerst worden gereset. De schone lei die hieruit ontstaat geeft mij ademruimte. Daar snak ik op zo'n moment zo hevig naar dat ik mij neerleg bij die verloren vriendschap of dat verloren zakelijk contact. Dat is het offer dat ik moet maken. Ik heb geen andere keus.

IKEA is mijn back-upplan

Ik noem zo'n crisis dus een IKEA-moment. De eerste keer dat ik mij realiseerde dat ik om de paar jaar zo'n totale crisis heb, stond ik namelijk in een IKEA. Op zoek naar nieuwe meubels om mijn nieuwe leven mee in te richten. Toen was het dus letterlijk een IKEA-moment. Ik heb 'm erin gehouden, omdat IKEA eigenlijk ook een perfect symbool is voor het opnieuw opbouwen van mijn leven. Dat moet namelijk stap voor stap. En niets is zo stap voor stap als een IKEA. De stappen om te komen tot een nieuwe, slimmere leefomgeving zijn er zo lekker makkelijk en helder. Het voelt als een *one-stop-shop* en dat matcht heel goed met mijn AD(H)D-brein. Alles is er binnen handbereik en het is er overzichtelijk. Ik hoef enkel het uitgestippelde pad te bewandelen om tot een complete inrichting te komen. Heel logisch en gemakkelijk op te volgen. En dat geeft mij direct rust. Net als dat routines en die nauwkeurig volgen mij meteen rust brengen in mijn leven. IKEA-moment staat dus figuurlijk voor het opnieuw inrichten van mijn leven na een periode van totale crisis.

Mijn laatste IKEA-moment

De laatste keer dat ik een IKEA-moment had was ik er behoorlijk slecht aan toe. Het kwam voort uit een werksituatie die misging. Ik weet dat ik door mijn AD(H)D impulsief kan zijn en mij niet altijd aan de gemaakte afspraken houd. In dit geval gebeurde dat ook en schaadde ik het vertrouwen van mijn collega. Om verdere problemen te voorkomen werd ik aan banden gelegd. Daar kan ik echt wel inkomen, maar daardoor werd het alleen maar erger. Het was het begin van een flinke crisis.

Het wantrouwen versterkte mijn onzekerheid en ik moest daardoor nog meer verbloemen om bij te kunnen blijven. Ik werd steeds negatiever. De nadruk lag immers op alle negatieve dingen en de dingen die ik niet kon, in plaats van alle positieve dingen en al het moois wat ik voor het bedrijf had gedaan. Ik had deze negatieve spiraal kunnen remmen door een open gesprek aan te gaan in een poging weer een gelijkwaardige relatie te creëren, maar dat deed ik niet. Want ik durfde niets meer te zeggen. Mijn mening deed er voor mijn gevoel toch niet toe, zelfs al had ik gelijk. Ik stampte mezelf in mijn hoofd nog verder de grond in en bleef maar verbloemen. Alsof er steeds meer lekken in mijn dak kwamen en ik niet het dak maakte, maar iedere keer gewoon weer een emmer onder een nieuw lek zette en doorging met iets anders. Ik begon mij compleet af te sluiten. Ik had geen plezier meer in mijn werk en de donkere gedachten kwamen steeds vaker op. Ik had jaren gewerkt aan een bepaalde identiteit en nu kon ik mij daar niet meer in vinden. Alles waar ik eerst juist zo goed in was, kon ik niet meer. Dit sluimerde zo voort totdat het escaleerde en ik op een dag wakker werd en me verdoofd voelde. Ik wist niet meer wie ik was en ik moest mezelf en mijn leven weer helemaal opnieuw uitvogelen.

Uiteindelijk ben ik uit deze crisis gekomen door een tijdje bupropion (antidepressiva) te slikken en hard te werken aan mijn routines. Het is goed gekomen maar pittig was het wel. Ik heb er ook mensen mee gekwetst en daarom leg ik bij dit voorbeeld de nadruk op wat er in mijn hoofd gebeurde en ga ik niet dieper in op wie wat nou precies heeft gedaan. Dat doet er ook niet toe, want feit is dat dit mij iedere paar jaar weer in een andere situatie overkomt. En dit laatste IKEA-moment is alweer een aantal jaar geleden. Dat maakt me nerveus. Het gaat nu al een behoorlijke tijd goed. Betekent dat tegelijkertijd dat het binnenkort weer helemaal fout gaat? Ik ben er niet zeker van.

IKEA-momenten voorkomen

Toch zou het prettig zijn als die IKEA-momenten geen vaste prik meer zijn in mijn leven. Hier heb ik natuurlijk zelf een groot aandeel in. Ik kan deze IKEA-momenten namelijk wel degelijk voorkomen. Ik kan ervoor zorgen dat het niet escaleert door eigenlijk alles waarover je in de vorige hoofd stukken hebt gelezen, aan te pakken. Door te werken aan mijn zelfbeeld, meer te vertrouwen op mijn eigen kunnen, me durven uit te spreken, te delen wat ik voel en hoe ik tegen de dingen aankijk, door de balans steady te houden met goede gewoontes als actief zijn, genoeg rust en gezonde voeding en door onder de mensen te blijven. Allerlei elementen die samen het onderhoud van mijn IKEA-stoel zijn, waardoor die er weer tegenaan kan en ik er geheel comfortabel op kan blijven zitten.

Maar ergens moet ik toegeven... soms is het wel lekker om er even vanaf te vallen en een spiksplinternieuwe stoel te kopen. Misschien omdat ik diep vanbinnen wel geaccepteerd heb dat het gewoon zo is, dat ik zo ben. Dat consistent inconsistent het enige constante is in mijn leven. Toch kan ik niet bij alles wat niet lukt of tegenzit vluchten alsof ik game over ben. Ik kan niet steeds maar weer iets nieuws vinden om goed in te worden. Dat is niet wie ik wil zijn. En dus werk ik na ieder IKEA-moment dubbel zo hard om ervoor te zorgen dat ik deze momenten proactief ondervang, en begin ik gewoon weer met hoofd stuk 1 van dit deel: het straktrekken van mijn routines. Zo blijven ze hopelijk incidenten uit het verleden.

AD(H)D-expert Cathelijne Wildervanck over AD(H)D en de moeilijkheden met emoties en zelfbeeld

Veel mensen met AD(H)D gaan qua stemming 'alle kanten op'. Het ene moment in de gloria, het andere moment ergens diep in de put. Hoe kom je aan die extremen? En hoe kom je er vanaf? Daar spelen een paar dingen een belangrijke rol in. Allereerst heb je als AD(H)D'er – en dat durf ik met zekerheid te zeggen – vaker op je kop gehad, vaker het gevoel gehad dat je raar of anders bent en vaker negatieve feedback gehad dan gemiddeld. De meeste mensen met AD(H)D zijn ook nog eens extra gevoelig voor sociale signalen, en dus pik je al heel jong de boodschap op dat je misschien niet goed genoeg bent. Niet echt lekker voor je zelfvertrouwen.

In samenwerking met de Vrije Universiteit heeft mijn praktijk onderzoek gedaan naar de beleving van AD(H)D onder volwassenen. Daaruit bleek dat volwassenen met AD(H)D de standaard AD(H)D-dingen als te laat komen of chaos helemaal niet het probleem vinden. Het is juist dat gebrek aan zelfvertrouwen, dat gevoel een alien te zijn, dat idee dat iedereen de speluitleg heeft gekregen behalve jij, waar ze moeite mee hebben. Dat gevoel heeft niet alleen mentaal effect, maar ook lichamelijk. Want je staat voortdurend onder stress en die stress vreet belangrijke bouwstoffen als magnesium, vitamine B en zink die eigenlijk nodig zijn voor feelgood-stofjes zoals serotonine, dopamine en melatonine. Door de continue stress sta je dus altijd 1-0 achter en moet je extra je best doen om in je hum te zijn en te blijven.

Wat dagelijkse stemmingswisselingen ook veroorzaakt, is dat je als AD(H)D'er niet alleen sneller *over*prikkeld bent, maar ook *onder*prikkeld. Er is dus snel te veel, maar het is ook snel te saai. En dus ben je bijvoorbeeld je baan na drie jaar (of drie weken) alweer beu. Of je relatie loopt eindelijk een beetje lekker en dan gaat het weer kriebelen. Of je kunt bij de gedachte aan een hele zondag thuis moeten zitten zomaar tegen het plafond gaan. Ook mensen zonder AD(H)D zullen erkennen dat je gek kunt worden van een dag nietsdoen. Maar voor mensen met AD(H)D kunnen de emoties die dan vrijkomen ontzettend verwarrend zijn, want overprikkeld zijn voelt eigenlijk net zo als onderprikkeld zijn. Iemand met AD(H)D wordt namelijk niet suf van een dag naar het plafond staren, maar gaat stuiteren. Zoals altijd. Het gevaar is dan dat iemand niet merkt dat hij of zij in onderprikkeling zit en juist gaat handelen op overprikkeling. Proberen meer structuur, rust en regelmaat aan te brengen, terwijl het brein snakt naar nieuwigheid, prikkels, uitdaging en reuring. Als je te lang doorgaat met prikkelreductie word je als het ware een emotionele flatliner en ligt depressie op de loer. Prikkels zijn niet altijd iets negatiefs: die hebben we net zo goed nodig in ons leven.

Omgaan met emoties die alle kanten op schieten is niet makkelijk. En dan kom ik toch weer terug bij de drie grote W's: Wat Werkt Wel. Ik zou iedereen met AD(H)D willen aanraden om op onderzoek uit te gaan. Ontdek welke voeding werkt, welke gedachten onnodig onzeker maken en eigenlijk achterhaald zijn, en van welke activiteiten het hart een sprongetje maakt. Goede voeding geeft je de bouwstenen, fijne gedachten over jezelf geven rust en een hart dat sprongetjes maakt is het recept tegen onderprikkeling en een basis voor geluk.

DEEL 4

AD(H)D en relaties

Zolang mijn kind maar niet op jou lijkt

Beste [Ik noem geen naam],

Ooit zat ik bij jou op volleybal. Ik moet elf, twaalf jaar zijn geweest. Jij was mijn coach, ik kwam één keer per week bij jou trainen. Samen met mijn beste vriendin in die tijd, Wendy. We konden niet heel goed met jou door één deur. Hadden we vast zelf veroorzaakt: we letten niet goed op, zagen die hele volleybalclub meer als een bijkletsclub, en jouw manier van spelen en training geven raakte, naar onze bescheiden mening, kant noch wal (of moet ik zeggen net noch bal).

Op een dag – ik weet niet meer precies wat mijn beste vriendin en ik verkeerd deden – schreeuwde jij het volgende naar ons: 'Ik hoef nooit kinderen als ze worden zoals jullie!' Het deed geen pijn, want in die tijd was ik zelf nog een kind. Het krijgen van kinderen was nog een ver-van-mijn-bedshow. En waarschijnlijk zat jij zelf ook nog niet in die fase. We moeten wel écht het bloed onder je nagels vandaan hebben gehaald als je een dergelijke uitspraak doet, besef ik nu. Het is je vergeven, maar ik ben het niet vergeten.

Inmiddels sta ik anders in het leven. Waar ik lange tijd heb gedacht geen geschikte partner en ouder te willen en kunnen zijn vanwege mijn AD(H)D, heb ik nu toch rammelende eierstokken en ben ik klaar voor het huisje, het boompje en het beestje. Zo! Dan weet mijn toekomstige partner dat ook gelijk. En als het mij ooit gegeven is om moeder te worden, dan hoop ik echt dat mijn kinderen worden als ik. Want ik ben (te) gek!

Liefs,
Francien

HOOFD STUK

Tortelduif

Over grote liefdes en andere vriendjes

'Make love, not war.'

– *unknown*

Spontane nieuwe hobby's, huishoudgeld dat op impuls wordt uitgegeven, gebrek aan structuur of juist een overkill daaraan, niet-waargemaakte verwachtingen, vallende steekjes bij uitvoering van de meest simpele taken – voor de meeste AD(H)D'ers is dit ongetwijfeld bekend terrein. En soms betekent het einde relatie, want die onvoorspelbaarheid is niet altijd makkelijk of leuk om mee te leven. Hoewel, soms maakt dat het juist wél leuk...

Van de drieëndertig jaar die ik op deze wereld rondloop, heb ik er zeventien samen doorgebracht. Je kunt rustig concluderen dat ik een relatiemeisje ben (even het feit dat ik nu single ben terzijde...). Ook ben ik ervan overtuigd dat ik mijn liefdes meer te bieden heb dan alleen mijn AD(H)D. Ik hoop in dit hoofdstuk een eerlijk beeld te schetsen over welke plek AD(H)D in een relatie kan innemen. Dat kan alleen maar door een aantal van mijn liefdesrelaties onder de loep te nemen. Pak de popcorn er vooral bij.

De Michael Boogerd-lookalike

Mijn langste relatie tot nu toe duurde acht jaar en is een heel belangrijke geweest in mijn leven. Het ging aan in 2004, kort na onze ontmoeting. De vriend in kwestie – een Michael Boogerd-lookalike – was een baken van rust en stabiliteit. Dat had een kalmerend effect op mij. Ik wist toen overigens nog niet dat ik AD(H)D had. Maar dat was in onze relatie ook niet belangrijk. Bij hem kon ik zowel rustig als onrustig zijn, het maakte hem weinig uit. Hij heeft in die acht jaar vaak genoeg gezien dat het niet altijd even goed ging met mij, maar hij heeft nooit geprobeerd om me te veranderen. Hij liet mij in mijn waarde (iets wat heel belangrijk is, want dat betekent dat je jezelf kunt en mag zijn). Hij wees mij terecht, maar viel me nooit aan op mijn (bijvoorbeeld spendeer)gedrag, dat af en toe best te wensen overliet. En in periodes dat het slecht ging, liet hij mij weten dat ik altijd bij hem terechtkon. Dat was heel fijn.

Naast een te gekke vriend, kreeg ik er ook heel fijne schoonouders bij. Die moet ik wel noemen, omdat ze heel belangrijk zijn geweest in mijn ontwikkeling toen. Hoewel ik nog niet gediagnosticeerd was, waren er natuurlijk al wel symptomen. Ik snapte niet altijd alles, kon vaak dingen niet afmaken. Maar mijn toenmalige schoonouders keken daar doorheen en zagen mijn kwaliteiten. Ze hadden, net als mijn eigen ouders, veel vertrouwen in mijn kunnen en spraken dat ook uit. Dat was prettig, want ik kwam ook genoeg mensen tegen die me juist ontmoedigden (leraren en ouders van vriendinnen bijvoorbeeld). Dat uitgaan van mijn positieve kanten had een extreem goede uitwerking op mij en op de dingen die ik ondernam. Ik deed alles met meer zekerheid en durfde meer op mezelf te vertrouwen. De stabiliteit die zij en mijn vriend me gaven was enorm prettig. Ik brak uit mijn cocon en ging vliegen.

De Michael Boogerd-lookalike hield van mij om mij en daarom is deze relatie zo belangrijk voor mij geweest. Die heeft een goede basis gelegd en mij laten zien dat ik ondanks sommige dingen van mij die niet altijd even handig of makkelijk zijn, toch ook een heel fijne relatie met iemand kunt hebben. Ik ben mij ervan bewust dat ik ook in een heel andere relatie terecht had kunnen komen. Juist op mijn eigenaardigheden keihard had kunnen worden afgewezen. Gelukkig gebeurde dat niet en weet ik nu dat ik iemand heel veel te bieden heb. Deze relatie is daar het bewijs van en daar heb ik iedere dag nog profijt van. We zijn uiteindelijk uit elkaar gegaan, omdat onze ambities op dat moment uiteenliepen, maar we hebben nog altijd goed contact.

Nike Boy

Hoe anders was mijn relatie met Nike Boy. Ik ontmoette hem voor het eerst in 2012. Ik was samen met mijn zakenpartner uitgenodigd voor een Nike-event als kennismaking met het merk en hij nam daar als medewerker en hardloopliefhebber deel aan. Toen mijn zakenpartner en ik twee weken later op het Europese hoofdkantoor van Nike in Hilversum zaten te wachten op een afspraak, zag ik hem daar weer lopen. Hoewel ik toen nog een relatie had met de Michael Boogerd-lookalike viel ik meteen voor hem. Dus toen mijn relatie stukliep, was ik al vrij snel bij deze jongeman te vinden.

Ik was heel verliefd op hem. Hij was net als ik sportief en enorm ambitieus. En wat maar niet gebeurde met zijn voorganger (samenwonen), realiseerde ik met hem binnen afzienbare tijd. Na iets minder dan een jaar woonden we al samen in een gemeubileerd appartement in Amsterdam-West. We kwamen onszelf al relatief gauw tegen. Want ook al hielden we van dezelfde dingen, we waren compleet het tegenovergestelde van elkaar. Hij was proactief, ik uitstellend. Hij rechtlijnig, ik impulsief. Op papier zou hij de perfecte partner voor mij moeten zijn. Iemand die goed is in repeterende zaken als iedere dag op dezelfde tijd naar het werk gaan en op vaste momenten in de maand op bezoek bij de ouders. Iemand die altijd alles netjes op orde heeft. In theorie zou hij mij met zijn stabiliteit en duidelijkheid temmen, en ik hem met mijn impulsiviteit wat losser maken. Maar ik vond hem te degelijk en hij mij een gekkie. Waar ik met de Michael Boogerd-lookalike altijd in mijn waarde werd gelaten en ook ruimte kreeg om mezelf te zijn, kwam ik nu in een relatie waar ik het gevoel had mij te moeten conformeren aan het gangbare normaal. Maar dat kon en wilde ik niet. Ik ergerde me eraan dat zijn leven zo klein was en hij altijd alles keurig deed en nooit eens een keer verraste, hij ergerde zich daarop aan dingen die ik acht keer goed deed en vervolgens twee keer fout. Bijvoorbeeld niet terugkomen met de boodschappen waarvoor ik naar de supermarkt ging. Of driedubbele afspraken die ik maakte, waarvan hij er ook eentje was, maar waarbij hij het onderspit delfde. Dat ging wrijven. Wij pasten perfect níét bij elkaar.

Ik had toen nog altijd geen diagnose, maar de symptomen van mijn AD(H)D werden in deze relatie pijnlijk blootgelegd. Waar bij de Michael Boogerd-lookalike de nadruk werd gelegd op mijn kwaliteiten, kwam nu de spotlight op mijn tekortkomingen. Ik kon in deze relatie niet mezelf zijn. Dingen waar hij zich aan stoorde – ook al had hij het beste met mij voor – kon ik niet veranderen, omdat ze met mij als persoon te maken hadden. Toch was het geen verkeerde relatie, want ik leerde daardoor hoe belangrijk het is om jezelf te kunnen zijn. En ik ben door deze relatie meer naar mezelf gaan kijken. Er vielen dingen – die mij eerder al wel waren opgevallen, maar nooit zo'n probleem waren – door op hun plaats. Mede door deze relatie ben ik uiteindelijk naar de huisarts gegaan voor een diagnose.

De Beau van Erven Dorens-man

Het is 2015 en ik ben halverwege mijn eerste behandeltraject bij de Dokter Bosman Kliniek. Daar kom ik met een nieuw dilemma op de proppen: mijn crush. Ik ben namelijk aan het daten geslagen met een jongeman op wie mijn oog viel tijdens Koningsnacht. Het werd een onenightstand. Althans: dat was de bedoeling, maar inmiddels hebben we elkaar al iets te vaak gezien om het daarmee af te doen. Niet geheel mijn schuld, want telkens als er een feestdag plaatsvindt in Amsterdam vraagt hij om een slaapplaats. Bevrijdingsdag, Hemelvaartsdag en Pinksteren... rond dierendag zal hij vast weer bellen. We besluiten op veertig dates te gaan. Eén regel: je mag er op elk moment uit stappen. Die keuzevrijheid vind ik heel prettig. Het haalt het gejaagde gevoel weg van 'ik moet alles wat erin zit er zo snel mogelijk uit halen' en het geeft ons de tijd en ruimte om dit weloverwogen te doen. Noem het een proefperiode. We vliegen impulsief naar Nice, picknicken in diverse parken in Amsterdam, bezoeken *food festivals*, doen zelfs (eenmalig) samen drugs. Het is leuk. Meer dan leuk! Ik wil helemaal niet dat dit stopt. Qua uiterlijk doet hij mij denken aan Beau van Erven Dorens (niet slecht), hij is bijzonder slim én goed in bed. En hij is een ADD'er. Ziedaar, mijn probleem: dit gaat toch niet werken? Hij weet het, ik weet het.

Mijn dilemma veroorzaakt zelfs een meningsverschil binnen het behandelend team van de Dokter Bosman Kliniek. Mijn structuurcoach geeft aan dat 'liefde geen goed of fout kent'. De psycholoog is een stuk sceptischer. Hij baseert dat op zijn ervaring en op de boeken die hij hierover gelezen heeft. Welke boeken dat precies zijn laat hij me nooit weten. 'Wat niet werkt op papier, werkt ook niet in de praktijk,' zegt hij. 'Herkenning vinden bij elkaar is fijn, maar het kan ook averechts werken. Als jij mindere periodes hebt of andersom, dan kun je elkaar daarin meetrekken. Ik probeer niet te oordelen en de keuze is absoluut aan jou, maar weet wel waar je aan begint.' Hij wil mij laten inzien dat ik deze relatie in ieder geval heel goed moet overdenken. 'Dit is gedoemd om te mislukken' is wat ik erin hoor.

Het advies van mijn psycholoog vind ik heel eerlijk. Toch ga ik mee met de structuurcoach. Ik besef waar ik aan begin, maar ik vind het belangrijker dat iemand snapt waarom er soms dagen in mijn leven zijn waarop mijn hoofd totaal niet werkt. Maar meer nog vertrouw ik op mijn gevoel. Ik ben een gevoelsmens, en dit voelt enorm goed. Zou dat niet het allerbelangrijkste moeten zijn?

Om een iets langer verhaal kort te maken: ik had schijt aan de psycholoog en ging ervoor. Vanaf dag 1 was deze vriend mijn soulmate. Deze relatie voelde voor mij als thuiskomen. We gingen samen goed en samen slecht. Omdat ik AD(H)D heb en hij ADD waren we gelijkwaardig. We begrepen elkaar en hoefden niet uit te leggen wanneer de een even meer ruimte nodig had. Ook was ik in mijn eigen ontwikkeling weer een stuk verder. Ik wist in deze relatie dat ik AD(H)D had en werd behandeld, dus ik begreep mezelf ook beter. Dat maakte een relatie hebben ook makkelijker, want ik wist waar sommige dingen die ik deed vandaan kwamen.

Toch hadden we ook moeite met elkaars struikelpunten. Zo kon ik in zijn optiek niet goed met geld omgaan. En had ik moeite met hoe snel hij kon opgeven. Maar die verschillen namen nooit de overhand. Het begrip voor elkaar en de lol die we samen hadden overheersten.

Na drie jaar relatie vond hij een baan in Londen. Wat inhield dat wij ver van elkaar gingen wonen. Ik haat Londen en wilde absoluut niet mee. Veel te druk en onoverzichtelijk. Toch wist ik dat het goed was voor hem en dus liet ik hem gaan. Maar er was ook een andere reden, een AD(H)D-reden, waarom ik niet meeging. Ik dacht bij voorbaat al dat het te veel gedoe zou opleveren; een baan zoeken, bankzaken regelen, huis vinden. En dus begon ik maar niet aan dit in mijn ogen te ingewikkelde proces.

Hij bouwde daar een bestaan op, en ik hier. In het begin was dat even wennen, maar ik leerde ook dat het heel fijn is om eigen routines te hebben die niet verstoord worden door een partner. Het is voor mij al moeilijk genoeg om mijn aandacht erbij te houden om dingen als op tijd opstaan, ontbijten, sporten en het bed opmaken, goed te volbrengen. Stel dat mijn partner dan ook nog in bed zou liggen, dan zou ik liever langer naast hem blijven liggen en het nóg lastiger vinden.

De communicatie tussen ons liep ondertussen extreem goed. We vertrouwden elkaar volledig en één keer in de twee maanden probeerden we elkaar op te zoeken. Ik genoot van de tijd die ik met hem in Londen doorbracht en het afscheid was telkens zwaar. Uiteindelijk ging het toch stuk, omdat ik het steeds vaker over het krijgen van kinderen, het openen van een gezamenlijke spaarrekening en ergens ter wereld samenwonen had. Ik wilde vooruit. Hij ook, maar hij wist niet of hij er al klaar voor was. Uiteindelijk hebben we elkaar om die reden laten gaan. Extreem pijnlijk, want de relatie klopte, maar het toekomstperspectief ontbrak. En het proces om daar samen uit te komen was voor beiden te ingewikkeld.

Heeft die psycholoog dan toch gelijk gehad, met zijn 'wat niet werkt op papier, werkt ook niet in de praktijk'? Nee, gelukkig niet. Het is bovenal een heel fijne en vooral duurzame relatie geweest. Hoe ouder ik word, hoe meer ik mijn stappen afweeg en mij soms juist door mijn AD(H)D laat afschrikken. Ik denk bij voorbaat al dat iets een probleem is (dat had ik voor de diagnose veel minder, omdat ik mij er minder van bewust was). Zoals bij deze relatie. Ik ben die eerst gaan bespreken met mijn behandelend team. Zou het wel werken? Moet ik dit wel doen? Toch ben ik blij dat ik me niet heb laten tegenhouden en er gewoon in ben gestapt, puur op gevoel. En uiteindelijk is mijn AD(H)D niet de reden dat we uit elkaar gingen! Een belangrijke les voor mij: laat ik mij te veel door mijn AD(H)D leiden, en zie ik mijn AD(H)D te veel als een probleem, dan kan ik ook een hoop moois mislopen.

Amor

Ik kan met een gerust hart zeggen dat ik goed ben in het krijgen en onderhouden van een liefdesrelatie. Volgens schrijver Malcolm Gladwell ben je een expert als je ergens 10.000 uur in stopt. Als ik ergens in mijn leven expert in ben geworden dan is het wel de liefde.

Uit relaties haal ik vooral veel stabiliteit. Een partner is voor mij vaak een vangnet op dagen waarop het in mijn hoofd minder goed gaat. Dan is het fijn om te weten dat iemand waarvan ik houd, mij kan vertellen dat het goed komt. Wat ik misschien nog wel fijner vind is dat iemand dagelijkse processen (koken, lampje verwisselen) die ik moeilijk vind kan vereenvoudigen, aanvulling daarop kan geven of die zelfs uit handen neemt. En ik vind het belangrijk dat ik met iemand ben die mij adviezen kan geven. Ik maak vaak besluiten op gevoel, maar zowel zakelijk als privé pakt dat niet altijd goed uit. Dus dan vind ik het fijn om daarover te sparren met iemand die het beste met mij voorheeft. Door een van mijn (niet hierboven omschreven) exen, met wie ik goed contact heb, ben ik weleens omschreven als manisch, omdat ik soms iets in mijn hoofd haal wat te groot en onhaalbaar lijkt voor velen. Eigenlijk zie ik dat vooral als een compliment. Ik heb namelijk vaak genoeg bewezen dat dat grootste wél kan. Maar toch moet ik ook toegeven dat het prettig is als iemand soms even een nuance plaatst.

Misschien ben ik niet de makkelijkste, maar ik ben wel bijzonder leuk om mee te zijn! Ik ben heel attent, lief en betrokken en over het algemeen doe ik dingen altijd met de beste bedoelingen. Ook al lopen ze soms compleet anders. Toch weet ik zeker dat ik heel wat mensen weleens pijn heb gedaan door mijn afspraken niet na te komen, of door last minute toch voor een andere optie te kiezen waardoor mijn partner in kwestie zich gepasseerd voelde. Het niet nemen van bepaalde verantwoordelijkheden terwijl die wel verwacht mogen worden kan tot vervelende situaties leiden. De oplossing voor mij is begrip en dat krijg je door er vaak over te praten. En door elkaar te ondersteunen bij dingen die voor de een moeilijker zijn dan voor de ander. Voor 'normale', 'neurotypische' stellen is dit trouwens ook een goede tip.

Ik ben heel blij met relaties die ik heb gehad. Ik weet daardoor wat liefde is. En ze hebben mij ook heel erg gevormd in wie ik nu ben. Ik leer van elke relatie wel iets over mijzelf. En het belangrijkste is: ik weet nu beter wat ik wel en niet wil. Dat durf ik ook aan te geven. Om diezelfde reden kap ik nu een date of relatie – waar ik in het verleden mee door zou zijn gegaan uit angst om alleen te zijn – prima af. Ik kan het allemaal alleen, maar zou het in de toekomst wel leuker vinden om mijn leven met iemand te delen.

HOOFD STUK

Natte poes

Over druk(s)te tussen de lakens

[DISCLAIMER]
Dit hoofd stuk is rijkelijk gevuld met uitspraken van seksuele aard. Ik wil mijn ouders, collega's, familie en vrienden vragen dit hoofd stuk nooit ter sprake te brengen indien wij elkaar zien. Tenzij ik er zelf over begin. Je mag het lezen. Je mag er iets van vinden, maar ik hoef geen opbouwende kritiek of feedback op dit deel. Zie dit hoofd stuk als een rant van mij tegen een Uber-chauffeur van wie ik vrijwel zeker weet dat ik hem nooit meer tref. Het praat, in dit geval, makkelijker tegen een vreemde dan tegen een bekende. Bedpartner(s) uit het verleden, maak je geen zorgen: ik houd het netjes! Bedpartner(s) uit het heden: je hebt nu een handleiding hoe seks met mij te bedrijven. Maak je borstkas (en mijn poes) maar nat. *Let's get down to business.*

‘Fuck Stress.
Have Sex.’

– unknown

Seks met een AD(H)D'er, het is een ~~vak~~ fuck apart. Niet iedereen kan het. Het doen met een AD(H)D'er is wel meerdere mensen gelukt, maar een AD(H)D'er genot brengen, dat is een ander verhaal. Overigens is dat niet per se aan de andere partij te wijten. Jarenlang heb ik gedacht dat ik aseksueel was. Ik deed het, want ik heb sinds mijn vijftiende eigenlijk altijd wel iets gehad wat een vriend heette. En seks had qua nieuwsgierigheid absoluut mijn aandacht, maar dat was vooral voordat ik daadwerkelijk met seks aan de slag ging. Want toen die piemel er eenmaal na acht maanden relatie voor het eerst in ging, was dat een grote showstopper. Ik vond er geen bal(len) aan en de nieuwigheid was er gauw vanaf.

De eerste keer

Ik ben zestien jaar en heb een vriend. Hij is vier maanden ouder dan ik, zeventien jaar, en zit een leergang hoger. Onze relatie had een valse start, want ik sta inmiddels bekend als 'Francien laat je tieten nog eens zien'. Een naaktfoto die ik in het verleden heb verzonden naar zijn voorganger, werd door mijn – toen niet meer zo – crush doorgestuurd en overal in de school opgehangen. Ook al heeft dat voorval niets met deze relatie te maken, het komt uit in de tijd dat ik net iets met mijn vriend heb. Dus is hij per direct ook het slachtoffer van mijn actie. Steeds opnieuw legt het een bom onder onze relatie, maar toch blijkt onze relatie sterk genoeg. Ik voel mij veilig bij hem en nog belangrijker: ik ben verliefd op hem en hij op mij! Langzaamaan tasten we elkaar lichamelijk af. De hand- en spandiensten verlopen aangenaam en prettig. Maar als we na een aantal maanden besluiten om verder te gaan, blijkt dat toch iets ingewikkelder. Ik kan me maar niet ontspannen en ben met veel te veel andere dingen in mijn hoofd bezig. Ik verkramp zowel fysiek als mentaal. Seks doet pijn, hoe voorzichtig we het ook aanpakken. Ik weet niet of ik niet opgewonden genoeg ben, of waar het aan ligt. Ik begin te twijfelen aan mezelf. Waarom lukt het bij iedereen, maar bij mij niet?

Uiteindelijk krijgen we die piemel erin, maar het blijft pijn doen. Waardoor ik me nog moeilijker kan ontspannen, omdat ik vooraf al denk dat het toch niet lekker gaat zijn, en er zelfs aversie tegen krijg. Om verlost te worden van het ongemak, fake ik dan snel mijn orgasme.

Mijn vriend zit ondertussen wel lekker in het seksen en biedt aan om mij op andere manieren te laten klaarkomen. Ik ben wel benieuwd: veel gelezen over beffen in de *Break Out!*. Misschien is dat dan een succes? Maar stilliggen in een positie waarbij mijn vriend nagenoeg uit mijn gezichtsveld verdwijnt, blijkt ook niet goed te werken bij mij. Ik raak vrijwel meteen afgeleid en mijn hoofd dwaalt al gauw af naar mijn to do's:

- schriftelijke overhoring Engels leren;
- gymtas niet vergeten;
- regenpak meenemen;
- over een paar minuten doen alsof ik klaarkom.

Mijn voorlopige eerste conclusie over seks blijft, ondanks alle inspanningen, dat ik er niet voor gemaakt ben.

Seks en AD(H)D

Seks ging bij mij dus in eerste instantie niet van een leien dakje. Hier en daar zaten er heus wel wat hoogstandjes tussen, maar over het algemeen was het meer pijn lijden en een show opvoeren. Ik wist nog niets van AD(H)D, laat staan dat ik het had. Maar nu ik erop terugkijk weet ik dat die gortdroge poes en dat hoofd dat overuren maakte en maar niet wilde ontspannen, wel degelijk met mijn AD(H)D te maken hadden.

Mensen met AD(H)D zijn niet heel open over eventuele moeilijkheden met seks (mét of zonder AD(H)D; mensen zijn sowieso niet graag open over seks), maar aan de hoeveelheid AD(H)D-podcasts en -fora over dit onderwerp te zien, durf ik wel te stellen: ik ben niet de enige.

En ook de wetenschap bevestigt dat AD(H)D de seks kan bemoeilijken. In recent onderzoek dat in Nederland verricht is, blijkt dat ongeveer 40% van de mensen met AD(H)D, zowel mannen als vrouwen, minstens één probleem heeft op het gebied van seksualiteit.[1] Problemen zijn onder andere:

- moeite om tot een hoogtepunt te komen;
- moeilijkheden met seksuele opwinding;
- te snel klaarkomen;
- aversie tegen seks.

De onderzoekers denken dat de grote oorzaak daarvoor ligt bij het snel en vaak afgeleid raken. Dit zou problemen veroorzaken bij het opgewonden raken en het klaarkomen. Seks is net zo goed een psychische als een fysieke aangelegenheid.

Het onderzoek noemt ook nog andere mogelijke oorzaken:

- AD(H)D'ers hebben door hun impulsiviteit en doordat ze gevolgen minder goed kunnen overzien, een verhoogde kans op SOA's en ongeplande zwangerschap.
- Soms komt een depressie of angst voor, wat invloed kan hebben op de beleving van seks.
- Antidepressiva kunnen een negatief effect hebben op de zin in seks (van AD(H)D-medicatie zijn geen effecten op het seksleven bekend).

Top 5 oorzaken waarom men minder seks heeft dan gewenst[2]

	ADHD-vrouw	Geen ADHD-man	ADHD-man	Geen ADHD-vrouw
1	Een van ons of allebei te druk met iets anders	Er zou meer tijd voor seks zijn als mijn partner efficiënter met de tijd omgaat	Mijn partner is boos op mij	Ik ben boos op mijn partner
2	Moeite om te schakelen	Een van ons of allebei te druk met iets anders	Een van ons of allebei te druk met iets anders	Ik heb een twee-de kind erbij (mijn man)
3	Te moe	Partner is niet geïnteresseerd in seks	Partner is niet geïnteresseerd in seks	Ik krijg te weinig aandacht behalve voor seks
4	Er zou meer tijd voor seks zijn als ik efficiënter met de tijd omga	Mijn partner is boos op mij	Er zou meer tijd voor seks zijn als ik efficiënter met de tijd omga	Moeite om te schakelen
5	Ik ben boos op mijn partner	Ik ben boos op mijn partner	Oncomfortabel met het delen van seksuele wensen	Te moe

Vluchten voor seks

Na die eerste bedpartner kwamen nieuwe vriendjes die bijzonder vaak kwamen, maar ik daarentegen had heel wat minder hoogtepunten. Ik snapte er nog altijd niets van. Solo ervaarde ik namelijk geen problemen. En mijn vriendjes waren stuk voor stuk lief, sexy, mooi en fijn in bed. Maar écht. En belangrijker nog, ze respecteerden mijn grenzen. Een prima basis voor lekkere seks en toch bleef het voor mij als pleaser lastig te ontvangen. Zodra er iemand bij kwam tussen de lakens, kon ik mij niet meer focussen op mezelf. Ik gaf veel liever en dat kon ik dan ook als de beste. Ik bleek aanleg te hebben voor pijpen (in feite beschikt iedereen over een zuigreflex, maar toch) en perfectioneerde die skill tot in de puntjes. Maar ik deed het als uitvlucht. Als ik hen op die manier liet klaarkomen dan hoefde dat ding niet meer in mijn flamoes te verdwijnen. Een goed plan, want dat deed over het algemeen pijn.

Seks werd dus iets wat ik deed voor de ander. Ik was totaal niet bezig met wat ik lekker zou vinden en wilde daar ook niet samen naar op zoek. Ik wilde de ander plezieren en er zo snel mogelijk vanaf. In mijn AD(H)D-hoofd had ik seks met een partner als een fijne activiteit al doorgestreept.

Dat het niet lukte met iemand maar wel alleen, had waarschijnlijk ook te maken met het feit dat ik het gevoel had dat ik in bed met iemand anders niet helemaal mezelf kon zijn. Door mijn AD(H)D heb ik bijvoorbeeld de neiging om alles wat ik ervaar hardop te delen. Niet zo'n aanrader voor de seks. Stel je even voor dat ik hardop denk terwijl er getongd wordt met de lippen aan mijn onderzijde: 'Ai, deze plek is het niet, hoor. Oe, bijna raak, oftewel... helemaal mis.' Ik denk nu aan Eddy Zoey en begin zijn hele nummer voluit mee te zingen. 'Oeps, ik word nog steeds gelikt. Zal ik even kreunen? Ik heb Eddy Zoey trouwens eens ontmoet voor een campagne. Leuke vent! Hij werkt nu volgens mij voor RTV Utrecht.' Mijn brein speelt opnieuw een potje *De slimste mens*. Of mijn hoofd ook nog eens *in sync* is met mijn gevoel? Niet echt. Dat orgasme kan ik op mijn buik schrijven. Het is oké. Ik ben het gewend.

Mijn AD(H)D maakt het dus lastiger om compleet ongeremd te zijn in bed. Allereerst zit mijn hoofd mij in de weg. Zie het alsof je ouders continu op de deur kloppen terwijl je in bed ligt met je geliefde. Daarnaast is het delen van alles wat in mijn hoofd omgaat niet bepaald sfeerverhogend. Daar ben ik mij van bewust. En daarom deel ik het niet, probeer ik het te verbergen en kan ik niet mezelf zijn en mij helemaal laten gaan.

De (voorlopige) ware

Pas als ik mijn ADD-vriend ontmoet en hij bij mij in bed belandt, beginnen alle puzzelstukjes op hun plaats te vallen. We zagen elkaar in het begin niet heel veel en daardoor ontstond een steeds groter verlangen naar samenzijn en seks. Voor mij nieuw – ik ben namelijk veel te vaak ten prooi gevallen aan mijn eigen onkunde om dingen langzaam op te bouwen. Met als gevolg dat ik er ook binnen no-time klaar mee ben. Maar met hem was dit anders. De eerste keer dat we seks hadden hield hij tijdens de daad mijn hand vast. Dat vond ik zo liefelijk. Hij was de eerste die de moeite deed om écht te verbinden en rekening hield met wat ik wilde in bed. Mijn hoofd en vagina gingen samenwerken en daarom bleef een orgasme niet lang uit.

Wat deze jongen onderscheidde van alle eerdere vriendjes, was zijn begrip voor mijn hoofd. Hij had door dat ik een gever was die niet kon ontvangen. Op een avond zei hij tegen mij: 'Mag ik iets proberen? En wil je het alsjeblieft niet vroegtijdig afkappen? Volgens mij kun jij namelijk prima opgewonden worden en zelfs klaarkomen van orale bevrediging, zolang je er maar de tijd voor neemt in je hoofd.' En hij kreeg gelijk.

Ik vond zijn inzicht een verademing. Bij hem begon ik me ook steeds vrijer te voelen op het gebied van seks. Ik voelde me veilig en geborgen bij hem en kreeg en nam daarom de ruimte om wel hardop te denken. Niets was raar. Mijn verzoeken werden onderzocht en samen uitgespeeld. In sommige gevallen keek ik zelfs porna tijdens het beffen, om het klaarkomproces te versnellen en ook om te voorkomen dat mijn hoofd toch zou afdwalen. Een truc die nog altijd werkt, maar die ik enkel bij hem heb durven uitspreken. Het klopte gewoon tussen ons. Meermaals barstten we in keihard lachen uit als er iets niet helemaal goed ging. Hallo vaginale scheet of floeppiemel. Natuurlijk ging het niet altijd soepel, maar het was nooit sfeerbepalend. Het maakte onze seks eerder beter en leuker.

Wat in deze relatie ook helemaal nieuw was, is dat seks belangrijk werd. Het maakte ons zachter naar elkaar toe. Alsof de scherpe kantjes er letterlijk vanaf vlogen. Zeker als wij meer dan enkele dagen geen seks hadden, was het belangrijk om dat toch weer op te zoeken. Daarna waren we altijd weer veel liever en zorgzamer voor elkaar. Ook als ik niet goed in mijn vel zat of gestrest was, werkte seks met hem heel ontspannend.

Bleek ik toch niet zo aseksueel als ik dacht. Tijd voor een nieuwe voorlopige conclusie over seks: ik wil nooit meer een relatie waarin de seks niet goed genoeg is.

Nog wat gortdroge tips

Het begon stroef, maar gelukkig is er een happy end: ik als gortdroge AD(H)D'er kan ook drijfnat worden. Als de juiste knopjes maar worden ingedrukt. En daar is met mijn AD(H)D-hoofd misschien net wat meer aandacht voor nodig. Voor de gortdroge AD(H)D'ers onder ons, hierbij wat tips die voor mij heel prima werken:

Muziek brengt mij snel in de juiste mood en vlakt ook gelijk achtergrondgeluid uit waardoor ik minder snel afgeleid kan raken van de daad.

Een schone slurf is voor mij ook een must. Iets met hoogsensitief voor (onaangename) geuren. Zelf lig ik er ook vele malen rustiger bij als mijn poes schoon is. Want anders denkt mijn hoofd continu: OMG, OMG, is het daar wel schoon? Dan neemt mijn ongemak toe en is de lust snel verdwenen. Schone poes en slurf dus.

Keep me close. Je mag prima afdwalen naar beneden met hand en mond, maar zorg ervoor dat je af en toe ook naar boven komt om adem te happen en om mijn aandacht erbij te houden. Mijn hoofd neemt van alles waar en als jij tussen mijn benen zit met je hoofd is een afleiding snel gevonden (om dat tegen te gaan, kan naar porna kijken uitkomst bieden). En tot slot, draai aan de juiste knopjes. Dat zijn er meer dan één. Zo zit mijn orgasme net zo goed tussen mijn oren als tussen mijn benen, dus in mijn geval doen lieve woorden het ook altijd goed.

Seks en ik zijn dus misschien niet helemaal op de goede voet begonnen, mede door mijn hoofd. Maar inmiddels weet ik dat seks juist goed is voor mijn hoofd. Het geeft me energie, zorgt ervoor dat de scherpe randjes verdwijnen en is heel bepalend in de relaties die ik eropna houd. Het duurde gewoon even voordat ik erachter kwam dat mijn AD(H)D ook tussen de lakens zat en ik leerde hoe ik die uit bed moest trappen voor optimaal genot.

---

1. Hartog, Z. (z.d.). *ADHD en seksualiteit – hebben we er zin in?!*. Geraadpleegd in mei 2020, van https://www.impulsenwoortblind.nl/wp-content/uploads/2018/11/IPWB-3-p10-13ADHDensexualiteit.pdf
2. Tuckman, A. (2019). *ADHD After Dark. Better Sex Life, Better Relationship*. Abingdon: Taylor & Francis. Nederlandse vertaling van de tabel via https://www.impulsenwoortblind.nl/wp-content/uploads/2018/11/IPWB-3-p10-13ADHDensexualiteit.pdf

HOOFDSTUK

Moeder de Gans

Over rammelende eierstokken

‘Everything will be okay
in the end.
If it’s not okay,
it’s not the end.’

– *John Lennon*

Huisje, boompje, beestje. Voor de meerderheid van de mensen op deze planeet de normaalste zaak van de wereld en een logische volgende stap. Voor mij is het allemaal net iets complexer. Zowel het huisje als het boompje als het beestje. Over het algemeen zijn dat namelijk allemaal processen die een langdurige focus en aandacht vragen en die ik niet zomaar kan laten vallen als de interesse ervoor vervlogen is. Alle drie richten zich op de lange termijn, en dat terwijl bijna alles wat ik doe gericht is op de korte termijn...

En toch wil ik het. Vooral gezinsuitbreiding. Ik heb niet altijd al moeder willen zijn, maar sinds een aantal jaar rammelen de eierstokken luid. Al vanaf het idee van een zwangerschap ben ik met mijn neus op de feiten gedrukt dat het voor mij met AD(H)D net even anders zal gaan. Het zal gaan, maar wel anders. Dit is voor mij verreweg het k*tste hoofd stuk om te schrijven. Qua moeilijkheid, kwetsbaarheid en mijn eigen interne conflict hierover.

De start van mijn rammelende eierstokken

'Mam, ik hoef geen kinderen. Dat past niet bij mij.' Ik ben begin twintig. Ik heb een stabiele relatie, maar geen haar op mijn hoofd die denkt aan kinderen. Ik? Moeder? Dat zie ik nou niet echt voor me. Misschien heeft het met de leeftijd te maken, maar ik ben er zeker van: dat gaat niet gebeuren. Nu niet en over tien jaar ook niet.

Toch verandert er iets als ik eind twintig ben en een nieuwe vriend krijg. Ik kijk hem aan en ik weet het zeker: hij wordt de vader van mijn kinderen (ik heb inmiddels meer van dat soort momenten gehad…). Ik heb geen idee waar deze gedachte, dit gevoel, vandaan komt. Kinderen waren toch niets voor mij? Verwarring alom.

Naarmate deze relatie langer duurt, verandert de initiële vraag van of ik kinderen wil in een andere: kan ik wel een goede moeder zijn? Ik begin te twijfelen aan mijzelf. Iedereen om me heen lijkt massaal begonnen aan het verwekken van baby's en ik krijg zo volop mee hoe het is om ouder te zijn en wat het daadwerkelijk van je vraagt. Kan ik die langdurige commitment en verantwoordelijkheid wel dragen?

Angst

Ik ben bang. Mijn grootste angst is dat ik geen kinderen kan opvoeden. Want als ik een kind opvoed, draait het niet langer om *me, myself and I*. Als ik nu slecht voor mezelf zorg, dan heb enkel en alleen ík daar last van. Als er een kind in het spel is, heeft slecht voor jezelf zorgen direct invloed op het kind. Ik zeg niet dat je als ouder of verzorger te allen tijde *on top of your game* kunt en moet zijn, maar je hebt als ouder wel een grote verantwoordelijkheid. Zo ben ik als de dood dat ik mijn kind vergeet op te halen van een kinderdagverblijf of hem of haar niet op tijd inschrijf voor de basisschool. Allemaal simpele processen waarop ik kan falen en mijn kind tekort kan doen. Dit zijn trouwens ook angsten voor niet-AD(H)D'ers, maar ik weet dat het voor mij écht reëele gedachten zijn doordat voor de hand liggende processen in het verleden niet echt mijn specialiteit zijn gebleken. En wat gebeurt er als ik last heb van donkere gedachten? Dan heeft mijn toekomstige kind daar misschien wel onder te lijden.

De twijfels hierover nemen sinds de officiële diagnose (die nagenoeg gelijk viel met het ontmoeten van de vriend die de eierstokken deed rammelen) steeds meer toe. AD(H)D is een erfelijke aandoening. Ik heb het van mijn vader – die zich overigens niet zo laat omschrijven, maar voor mij is er geen twijfel over mogelijk. Als ik kijk naar mijn eigen opvoeding, ben ik heel blij met mijn ouders en met alles wat ze voor mij en mijn broers hebben gedaan. Ik ben niets tekortgekomen en doordat mijn ouders mij gewoon behandelden als ieder ander kind, heb ik me thuis nooit anders gevoeld. Ze hebben altijd oplossingsgericht gedacht rondom mijn soms ietwat ongecontroleerde gedrag, en mij volledig in mijn waarde gelaten.

Mijn ouders hebben bewezen dat het echt niet onmogelijk is om een kind met AD(H)D op te voeden. En inmiddels weet ik zelf als geen ander dat je prima kunt leven met AD(H)D. Toch blijven mijn zorgen of ik als AD(H)D'er wel geschikt ben als moeder én of mijn kind dan ook AD(H)D krijgt. En dat zijn niet mijn enige zorgen, want er zijn door mijn AD(H)D wel degelijk dingen waar ik echt rekening mee moet houden als ik kies om voor een kind te gaan.

Wat vindt mijn behandelend team?

Ik bespreek mijn zorgen met mijn behandelend team van de Dokter Bosman Kliniek. Kan ik met mijn AD(H)D wel een goede moeder zijn?

Ze zijn unaniem: 'Jij kunt net zo goed of slecht een kind opvoeden als ieder ander. Het feit dat jij je dit al afvraagt zegt genoeg over jouw gevoel voor verantwoordelijkheid. Opvoeden is geen gemakkelijke taak, maar dat is het in principe voor niemand.'

Een fijne gedachte en een steuntje in mijn rug. En positief gezien: ik heb in ieder geval genoeg energie om een kind de hele dag bezig te houden en van slaap heb ik ook niet heel veel nodig. Korte powernaps hebben mij tot nu toe heel ver gebracht in het leven. Ergens heb ik dus ook wel een voorsprong met mijn AD(H)D ten opzichte van niet-AD(H)D-ouders.

Overleg met de huisarts

Nu mijn kinderwens sterker wordt, ben ik al een tijdje in gesprek met mijn huisarts over het onderwerp 'kinderen krijgen'. Samen met haar verken ik de mogelijkheden en mijn angsten. Ze vraagt mij of ik bekend ben met de POP-poli? Nog nooit van gehoord. 'POP staat voor Psychiatrie-Obstetrie-Pediatrie. Hier geven ze advies op maat op het gebied van medicatie en/of psychotherapeutische begeleiding,' legt de huisarts mij uit. Ze kijken daar zowel naar de behoeftes van de moeder als naar de belangen van het (ongeboren) kind, om ervoor te zorgen dat beiden een vliegende start tegemoetgaan. Ik krijg van de huisarts een doorverwijzing om op de POP-poli eens goed met een gespecialiseerd team mijn kinderwens en de consequenties daarvan voor mijn medicatiegebruik en leven te onderzoeken.

26 november 2019: de POP-poli

Voor de eerste keer op de POP-poli. De afdeling Gynaecologie is met een hele rits aan felle tl-buizen minder romantisch dan ik had gedacht. De wachtruimte is nagenoeg leeg, vast vanwege dit idioot vroege tijdstip. Er zit een oud-studiegenoot van mij, met zijn zwangere partner. Of hij mij ook herkent weet ik niet. Ik durf hem niet aan te spreken, want waar ga je het in vredesnaam over hebben als je op deze afdeling zit? Ik weet eigenlijk niet of je ook op deze afdeling terechtkomt als je 'gewoon zwanger' bent. Of dat je hier alleen komt als er een medische reden is. Ik besluit te zwijgen.

Vandaag heb ik een afspraak met een GGZ-verpleegkundige, psycholoog en gynaecoloog. Een heel team. En dat is ook nodig, want ik wil een kind. Het is mijn absolute droom om moeder te worden en zijn. Alleen zijn de omstandigheden niet bepaald ideaal te noemen. Ik ben drieëndertig jaar, zit net zonder relatie – omdat hij (nog) niet het kind, het koophuis en de gezamenlijke rekening wilde – en ik slik medicatie om normaal te kunnen doen.

Dat ik hier alleen zit is jammer en het maakt me ook verdrietig, maar het houdt me niet tegen. Zo kan ik bijvoorbeeld kiezen voor Bewust Alleenstaand Moederschap (BAM), voor het proces van bevruchten zijn meerdere opties. Het belangrijkste voor mij is dat ik weet wat liefde is, ik heb er genoeg van mogen ontvangen en geven. En ik sta niet negatief tegenover het idee om het alleen te doen. Dat liever dan als een hongerige hyena de datingapps en kroegen van Nederland afgaan op zoek naar de vader van mijn kind. Die druk wil ik niet voelen bij het zoeken naar en vinden van een toekomstige partner. Dat je na de eerste kop koffie samen meteen zegt: zullen we dan maar een baby gaan maken? En dat je dan ook serieus bent, niet alleen geil. Bovendien voel ik inmiddels ook de toenemende tijdsdruk. Gingen die eitje niet minder worden vanaf de dertig? Dus zit ik vandaag in mijn up op de poli. Niet hoe ik het voor me had gezien, maar waarom ook niet? Bij mij gaan dingen wel vaker anders dan anders.

Inmiddels ga ik helemaal kapot in de wachtkamer. Een breakdown (lees: jankbui) ligt op de loer. Vandaag zijn de twijfels nóg beter voelbaar. Ben ik niet te ongeorganiseerd, inconsistent en chaotisch om het moederschap in mijn eentje te sjeffen? Gelukkig weet ik dat ik een heel fijn supportsysteem om me heen heb waar ik altijd op kan terugvallen.

'Mevrouw Regelink?' hoor ik iemand zeggen. Het is tijd voor mijn gesprek met de GGZ-verpleegkundige. Ik zie in mijn ooghoek dat er bij de oud-studiegenoot een kwartje valt. Snel sta ik op en loop de kamer binnen.

Gesprek 1: GGZ-verpleegkundige

De GGZ-verpleegkundige legt uit wat mij vandaag te wachten staat. Het betreft dus een POP-poli-afspraak, waar ik op mijn verzoek en in samenspraak met mijn huisarts naartoe ben gekomen: 'De POP-poli is bedoeld voor extra aandacht voor zwangere vrouwen met psychische problemen. Naast begeleiding door een verloskundige (wanneer een zwangerschap normaal verloopt) of gynaecoloog (indien er bepaalde complicaties of een verhoogd risico is, tevens is deze gespecialiseerd in bepaalde aandoeningen) is er ook ruimte voor begeleiding door een psychiater en/of verpleegkundig specialist. Op verzoek van de patiënt kunnen hier ook andere begeleiders aan toegevoegd worden. Bijna alle ziekenhuizen in Nederland beschikken over een POP-poli. Het gemak hiervan is dat afspraken allemaal op dezelfde dag plaatsvinden op eenzelfde plek. En dat het ziekenhuis en psychiatrie samenkomen in het belang van de patiënt.

Zo. Dat is een hele mond vol. Alsof ze de vlieginstructies uit haar hoofd kent en opdreunt.

Ze zegt ook nog dat het heel goed is dat ik zelf het initiatief heb genomen voor deze afspraak. Doel van vandaag is nagaan of mijn (chronische) aandoening van invloed kan zijn op de zwangerschap. In de verschillende gesprekken gaan we het hebben over de volgende dingen: medicatiegebruik, eerdere uitslagen van uitstrijkjes, eventuele aandoeningen die voorkomen in de familie, verhoogd risico op (postnatale) depressie en tot slot blootstelling aan en omgang met angst en stress tijdens de zwangerschap in verband met het effect op het kind.

Het voelt goed om dit alles te onderzoeken. Het maakt de kans dat er in de toekomst iets misgaat of dat ik voor verrassingen kom te staan, vele malen kleiner. Nu is het in mijn situatie misschien wat logischer om al in de preconceptionele fase (wel de wens, nog niet bezig met de uitvoering) informatie in te winnen, maar dit geldt natuurlijk voor iedereen met een kinderwens. Het is altijd goed om dat eens met je huisarts te bespreken.

De voornaamste taak van mijn GGZ-verpleegkundige is om mijn gegevens, voor zover die bekend zijn, te controleren en waar nodig aan te vullen. Ze noteert de reden waarom ik hier kom: ik wil het liefst gisteren nog een kind, heb AD(H)D en momenteel geen vent. Dat laatste komt dan toch binnen en ik moet de tranen die opwellen, wegslikken. Ik had niets liever gehad dan dit bijzondere moment met iemand te delen. Maar dit is mijn grootste wens. Ik realiseer me dat het geen gemakkelijke weg gaat worden, maar ik ben bereid daar veel voor te doen en te laten. Mocht het niet lukken, dan kan ik mij daar ook bij neerleggen. Maar ik moet het proberen. De verpleegkundige noteert ook waarvoor ik mogelijk hulp nodig heb tijdens de pre- (voor), peri- (tijdens) en post- (na)conceptionele fase. Weer wat nieuwe woorden geleerd.

Eenmaal terug in de wachtkamer is de samenstelling veranderd. Mijn oud-studiegenoot zit er niet meer en er hebben weer nieuwe mensen plaatsgenomen. Ik blijf me afvragen waarom zij hier zijn en hoe zij zich nu voelen. Misschien – net als ik – ook wanhopig of eenzaam, of zijn ze juist hoopvol? Want dat voel ik ook. Ik zit hier met de hoop ooit moeder te worden en ik denk ook dat dat kan, anders zat ik hier niet.

Gesprek 2: Gynaecoloog

'Mevrouw Regelink?'

De vrouw die mij roept, herken ik direct. Zij is mijn behandelend gynaecoloog in verband met mijn afwijkende uitstrijkje van het onderzoek naar baarmoederhalskanker waar iedere vrouw vanaf de dertig voor wordt opgeroepen. Mijn waardes bleken destijds niet goed te zijn, en als de schommelingen in de toekomst blijven bestaan, is het verwijderen van weefsel nodig. Dat gebeurt dan door middel van een conisatie, maar dit kan gevolgen hebben voor een eventuele zwangerschap. Daarom heb ik toen de keuze gemaakt om te wachten met de conisatie tot na een eventuele zwangerschap, want die zou hopelijk over niet al te lange tijd zijn.

De gynaecoloog kijkt in mijn medisch dossier en merkt op dat er alweer een halfjaar voorbij is sinds mijn laatste uitstrijkje. Tijd voor een nieuwe. 'Loop je mee?' vraagt ze.

Het overvalt me. Welke slip draag ik? Ben ik geschoren? Ben ik wel schoon? Maar ik heb geen tijd om erover na te denken, want ik moet gelijk met de benen wijd plaatsnemen. De uitslag ontvang ik over een drietal weken via een telefonisch consult.

Na het uitstrijkje lopen we weer terug naar haar kamer. We gaan mijn medicijngebruik onder de loep nemen. Ik leg uit dat ik genoodzaakt ben om dexamfetamine van het merk Tentin® (Dex) te slikken, zodat ik mijn werk kan doen. Ik vertel haar ook dat ik hiervoor Wellbutrin XR (een antidepressivum voor AD(H)D'ers) heb geslikt.

De gynaecoloog antwoordt dat Tentin® en Wellbutrin XR schadelijk kunnen zijn tijdens de zwangerschap en tijdens het geven van borstvoeding. Blijf ik voor en tijdens de zwangerschap een beroep doen op deze medicatie, dan kan het zijn dat het kindje na de geboorte onrustiger is, (meer) last heeft van trillingen en een verstoorde temperatuurregeling in de eerste cruciale 48 tot 72 uur.

Maar zoals eigenlijk altijd het geval is als het over AD(H)D-medicatie gaat, zijn er te weinig gegevens beschikbaar over de veiligheid voor het (ongeboren) kind. Zekerheden zijn er niet, maar liever het zekere voor het onzekere en dus raadt mijn gynaecoloog aan dat ik begin met afbouwen van de Tentin®. Niet cold turkey, maar middels een afbouwfase. In één keer stoppen kan namelijk grote gevolgen hebben voor mijn gemoedstoestand. Dan ga ik me enorm uitgehold voelen, alsof ik dagenlang geen slaap heb gehad. Ben ik niet te genieten, neerslachtig, alsof ik geen leven meer heb, en soms zelfs een beetje verward. Nee, bedankt. Doe dat maar niet.

Terug in de wachtruimte ben ik nagenoeg de enig overgebleven patiënt. Wat een informatie allemaal. Als ik van tevoren had geweten dat er zo veel bij komt kijken, was ik misschien niet gegaan. En toch ben ik blij dat ik hier nu zit. Hoe moeilijk en tegelijkertijd mooi dat ook is.

'Mevrouw Regelink, loopt u mee?'

De psychiater is klaar voor me.

Gesprek 3: Psychiater

De psychiater doet mij aan mijn moeder denken. Ze lacht vriendelijk naar me terwijl ze het medisch dossier openslaat. Ze heeft de informatie uit de twee voorgaande gesprekken van vandaag al doorgenomen, maar heeft nog wat aanvullingen nodig om een zo compleet mogelijk beeld van mij te krijgen.

Dus ik vertel kort over mijn jeugd (die onwijs fijn en warm was), de diagnose (AD(H)D, gecombineerd type), eerdere behandeltrajecten (tot twee keer toe gedragstherapie), medicatiegebruik (alles wat er maar te slikken viel en stond aangeschreven als AD(H)D-medicatie) en de gevolgen die de medicatie had en heeft (het werkt, maar ook weer niet). We praten over waarom ik hier ben, mijn werksituatie, eventuele relatie en balans (wat is dat?!).

Omdat ik al sinds mijn officiële diagnose on and off medicatie gebruik en de juiste gedragstherapieën (gericht op omgaan en leven met AD(H)D) krijg, geeft ze mij het voorlopige advies mee om van de medicatie af te stappen en mijn leven alvast in te richten zoals het er ook uit zou komen te zien na een eventuele bevalling. Dit zodat de processen die bij dat leven horen al zijn ingericht en verrassingen die mij eventueel uit balans kunnen trekken zo min mogelijk de ruimte krijgen.

De psychiater raadt mij ook een wekelijks consult aan bij een psycholoog. Ook als het goed gaat, want het is niet gericht op het gedrag verbeteren, maar puur om ervoor te zorgen dat ik in balans ben en blijf. En dat ik meer ga vertrouwen op mijn eigen kunnen en minder onzeker ben. Heb ik totaal geen probleem mee, want ik houd van praten.

Ik kan mij tot dusver redelijk vinden in dit advies. Waar ik het moeilijker mee heb, is dat ze mij ook aanraadt een keuze te maken in mijn werk. Op dit moment werk ik zowel freelance als in loondienst en beide hebben voor mij voor- en nadelen. Ik vind juist het hebben van allebei heel fijn. Toch raadt de psychiater mij aan een keuze te maken, omdat zij denkt dat het hooghouden van drie ballen – een vaste baan, eigen bedrijf en kind – weleens voor een disbalans kan zorgen. Volgens haar kan ik beter één duidelijke keuze maken voordat het kind er komt. Ik weet dat zo net nog niet, maar sla het advies natuurlijk wel op. Tot slot geeft de psychiater aan dat als het moment van een zwangerschap daar is, ik per direct mag terugkomen voor een vervolgtraject en we te zijner tijd samen gaan kijken naar de precieze invulling daarvan. De conclusies uit dit gesprek – die nog overlegd worden met de andere twee teamleden – worden per post naar mij gestuurd.

De conclusie

Nog geen twee weken later vind ik de brief met de eindconclusie op mijn deurmat. Die is nagenoeg hetzelfde als het voorlopige advies dat ik kreeg in het ziekenhuis. En er is ook nieuws met betrekking tot het uitstrijkje. De uitslag is goed en ik hoef pas op mijn vijfendertigste terug te komen voor een nieuw uitstrijkje. Die had ik niet zien aankomen, maar ik vind dat wel een prettige gedachte met het oog op de nabije toekomst en mijn aanwezige kinderwens.

Mijn eigen conclusie heb ik inmiddels ook getrokken. Zoals ik al dacht is de weg naar een kind voor mij niet de meest makkelijke, maar ik weet nu wel dat het gewoon kan. En ik kan na dit hele traject in ieder geval zeggen dat als ik ooit stop met mijn medicatie en besluit ervoor te gaan, ik er goed voorbereid en doordacht aan begin. Toch knap voor iemand die liever eerst doet en dan pas nadenkt over de eventuele gevolgen.

Maar wat ik vooral heb geleerd is dat als ik ooit zwanger raak, ik van alle kanten geholpen ga worden. Zowel door de AD(H)D-professionals in het ziekenhuis als door de Francien-professionals thuis. En beide partijen hebben mij in de uitgebreide gesprekken over dit onderwerp het vertrouwen gegeven dat ik een fantastische moeder kan en ga zijn, mét AD(H)D. En dát is de allerbeste voorbereiding op een eventuele mini-Francien.

AD(H)D-expert Cathelijne Wildervanck over AD(H)D en relaties

AD(H)D en relaties, volgens sommigen een onmogelijke klus. Want als AD(H)D'er kan het zomaar zijn dat je morgen weer een nieuw idee hebt, of dat je opeens reuring in de tent wil en spanning en uitdaging zoekt. Overprikkeling en onderprikkeling liggen altijd op de loer; het ene moment is iemand te veel en het andere moment te weinig.

In die eerste, prille tijd zijn vaak uitersten leuk; de een is bijvoorbeeld een doener en de ander een filosoof, of de een is een starter en de ander een finisher. Als we verliefd zijn is dat allemaal leuk. Maar op een zeker moment niet meer. Dan is een ordelijk type een controlfreak, en een starter iemand die nooit iets afmaakt. Ik overdrijf nu, maar in grote lijnen is dat wel wat ik in mijn praktijk zie bij relaties waarin een van de twee AD(H)D heeft. Wat eerst zo leuk aan die persoon met AD(H)D was, is op een zeker moment irritant en iets wat opgelost en aangepast moet worden. Zeker als je samen een gezin bent geworden. Aan de andere kant zie ik ook in de praktijk dat als je in een relatie écht elkaars positieve kanten wil en kan zien, de stuiterbal van de een tot rust komt en de ander blij kan worden van de reuring en leukigheid die de

AD(H)D-partner met zich meebrengt. En dan bestaat *happy ever after* wel degelijk!

Als koppels bij mij voor hulp komen, zie ik vaak dat ze het er dan allebei over eens zijn dat degene met AD(H)D iets moet aanpassen. Die moet gefikst worden en voortaan, bijvoorbeeld, op tijd komen of niet zo'n chaos van de keuken maken. Natuurlijk is het voor ánderen makkelijker als je aan die eisen gaat voldoen. Maar wat was ook alweer de reden dat jouw partner je leuk vond? Niet omdat je zo'n gestructureerd of nuchter type bent, toch? En hoewel we allemaal weten dat de wereld ook mensen nodig heeft die out of the box denken en dingen anders zien en doen, vinden veel mensen dat leuk als abstract begrip, maar niet in hun eigen huis.

Wat veel belangrijker is, vind jij jezelf nog leuk om wie jij bent? En vindt jouw partner je leuk om wie jij bent? Vergeet even dat huishouden dat je samen moet managen, of dat sociale leven dat gestructureerd moet verlopen. En bedenk: wat is er zo leuk aan die ander dat ik mijn leven met deze persoon deel? Alles wat je aandacht geeft groeit. Geef je aandacht aan de irritaties en aan hoe het eigenlijk zou moeten gaan? Of verbind je je oprecht met elkaar, ongeacht de (grote) verschillen?

Maar wat nou als je allebei AD(H)D hebt? Waarschijnlijk een feest der herkenning én ook dodelijk vermoeiend voor jullie beiden. Heeft de één een idee, heeft de ander er twee. Probeert de één een leuk verhaal te delen, gaat de ander het verhaal tijdens het vertellen al invullen. Dit is de stereotiepe visie op AD(H)D, en zo hoeft het helemaal niet te zijn. Het kan maar zo dat je allebei een prima draai hebt gevonden met de werking van je brein, en dan heb je twee mensen die elkaar én goed snappen én goed hun eigen weg kunnen gaan. Want uiteindelijk is de ene AD(H)D'er de andere niet. Dus ontdek vooral wie jij bent en wat voor jou werkt. Ook op relatiegebied.

Tot slot nog over kinderen. Wil je kinderen, zoals Francien, en vraag je je af of jij daar wel voor gemaakt bent? Ook hier geldt dat het een klus is om de balans te vinden tussen overprikkeld en onderprikkeld zijn. Sommige AD(H)D-ouders vinden een hele dag met de kinderen veel te druk, andere vinden het juist saai. En misschien ben je gewoon niet de doorsnee moeder of vader die altijd op tijd met de thee klaarzit, of structureel het tandenpoetsen controleert. Richt je altijd op wat je wél te bieden hebt aan jouw kinderen. En dat is een heleboel! Daar ben ik van overtuigd. Trek je niets aan van hoe 'het volgens het boekje' zou moeten, maar richt je op wat voor jou en jouw gezin werkt. Dat zou ik sowieso iedere ouder aanraden.

DEEL 5

AD(H)D en je shit op orde

(Een Tikkie te) veel gevraagd?

Het is woensdagochtend 06.27 uur. Ik sta bij de benzinepomp. Vandaag doe ik namelijk een rondje Nederland. Eerst naar Oss om les te geven op een middelbare school – ik geef door heel Nederland lessen mediawijsheid en seksuele voorlichting – en vervolgens heb ik een bedrijfsuitje in Arnhem. Eerst nog even tanken en dan kan ik op weg. Maar als ik de slang pak, realiseer ik mij dat ik een probleem heb. Het is morgen pas payday en ik heb mijn benzinegeld van deze week al uitgegeven aan boodschappen (die ik achteraf gezien niet echt nodig had).

En dus sta ik nu hier. Zonder geld en zonder benzine. Mijn budgetcoach op dit tijdstip lastigvallen vind ik niet gepast en dus bel ik de enige persoon van wie ik weet dat ze sowieso opneemt. 'Annie, fijn dat je al wakker bent!'

'Nou, wakker is niet per se het juiste woord,' zegt mijn vriendin Annika met een schorre stem.

'Annie, ik moet vandaag door Nederland heen crossen, maar ik heb geen saldo. Kun jij even € 12,50 naar mij overmaken voor benzine? Ik weet dat het veel gevraagd is, maar je zou mij er heel erg mee helpen.

Ik laat het bedrag straks meteen weer door mijn budgetcoach naar jou overmaken, maar dan kan ik in ieder geval naar de eerste plek van bestemming rijden.'

Annika hoeft niet lang na te denken. 'Ja, is goed. Ik maak het gelijk over en stuur je een Tikkie als het gelukt is.'

'Duizendmaal dank!' zeg ik en we hangen op. Vijf minuten later is de € 12,50 verdwenen in mijn tank en ben ik op weg. Dit was geen incident. Dit gebeurt mij met enige regelmaat.

Ik kom ruim op tijd aan in Oss. Vandaag geef ik les aan vier verschillende groepen. Klassikaal met een stel goedgebekte pubers praten over sociale media, (online) grenzen aangeven, pijpen, beffen en *circle jerking* – dat moet niet worden onderschat. De hormonen en het testosteron gieren door hun puberlijven en kletteren tegen de muren van het klaslokaal. Na vier keer anderhalf uur loop ik met drijfnatte oksels terug naar mijn auto.

Ik zie op mijn telefoon dat mijn budgetcoach de gevraagde € 15,- heeft overgemaakt voor nog een keertje tanken. Dat is mooi, want de volgende stop is het personeelsuitje en dat is best een stuk rijden. Het begint pas over drie uur, maar ik ga vast op mijn gemak die kant op.

Als ik bijna op de plek van bestemming ben aangekomen, bel ik mijn goede vriendin Judith. Gewoon om even te kletsen. Ik vertel haar over mijn inmiddels opgedroogde oksels, en dat ik mij allesbehalve fris voel.

'Wacht, ik bel mijn zusje,' zegt Judith. 'Zij woont in Arnhem. Daar mag je vast wel even douchen.' En we hangen op.

Zeven minuten later heb ik haar weer aan de lijn. 'Ik app je het adres, dan kun je daarheen rijden en douchen. Wel zo lekker om schoon deel te nemen aan het personeelsuitje. En als je reservekleding nodig hebt, dan kun je vast ook wel iets lenen van mijn zus.'

Een kwartier later sta ik er heerlijk onder de douche. En zoals ik eerder al schreef: dit is wederom geen incident. Zoiets overkomt mij best vaak.

Het personeelsuitje betreft een escapegame in de oude koepelgevangenis van Arnhem. Nadien volgt een etentje bij de mexicaan. Na de heerlijke taco's en enchilada's ben ik de eerste die vroegtijdig afzwaait. Hiermee pleeg ik een, wat mijn vrienden noemen, 'Francientje'. Ik heb vandaag meer dan genoeg sociale interactie gehad en gezien en ben bekaf. De rekening wordt betaald door de manager. Gelukkig maar, anders had ik weer een probleem gehad met een niet-toereikend saldo.

Maar als ik mij verplaats naar de parkeergarage, loop ik tegen een volgend probleem aan. Die eerder overgemaakte € 15,- is op getankt, dus hoe kom ik nu aan parkeergeld om 21.33 uur?

'Mam, wil jij even € 6,50 overmaken en mij daarna

een Tikkie sturen? Krijg je morgen van mij terug!' zeg ik, terwijl ik met mijn moeder bel.

Ze is allerminst verrast. 'Is het weer zo laat, Francien?' zegt ze lachend.

Niet veel later rijd ik de parkeergarage uit. Deze dag is mede mogelijk gemaakt door vrienden, collega's en mijn familie.

Of ik schaamte voel als ik een beroep doe op mijn vrienden, familie en collega's voor dit soort (on)gemakjes? Ja, omdat ze 'tijdelijk' een onderdeel worden van mijn probleem of gebrek aan proactiviteit. Gelukkig zijn ze wel wat gewend van mij. En na al die jaren willen ze nog steeds met mij omgaan, dus ik doe vast iets goed!

PS Mocht ik nog een Tikkie bij je hebben openstaan, SORRY!

HOOFD STUK

Kuddedieren

Over de kapper, blauwe enveloppen en verantwoordelijkheid nemen

‘None of us is as smart as all of us.’

– *Ken Blanchard*

In mijn eentje kom ik best ver, maar met dank aan de hulp van de mensen om mij heen kom ik veel verder. Ik denk dat dat voor iedereen wel geldt, maar voor mij misschien net een beetje meer. In de loop der jaren heb ik een compleet dreamteam om me heen gevormd. Zij stimuleren en motiveren mij, spreken mij aan op mijn verantwoordelijkheden, laten mij in mijn waarde, geven mij advies en vertrouwen, en maken mij al met al een nóg gelukkiger mens. Als je mij vraagt hoe ik functioneer en hoe ik ervoor zorg dat ik mijn shit op orde heb, dan kan ik je niet anders dan voorstellen aan mijn dreamteam.

Van A tot D

Je begint aan iets bij A. Vervolgens ga je stap voor stap verder, net zolang totdat je bij Z bent. Project klaar. Maar dit is inmiddels al het vijfde deel van dit boek, dus dat het bij mij vaak niet zo makkelijk gaat is geen verrassing meer. Soms gaat het prima en bereik ik die Z heel snel. Maar soms ga ik van A tot D, met misschien nog een klein uitstapje naar H, en dan stagneer ik. Ik weet hoe Z eruitziet, maar de tussengelegen letters, stappen, processen doorzie ik niet (gelijk). Zo'n situatie zorgt voor continue stress bij mij. Ik loop vast en het liefst wil ik dan helemaal stoppen. Dat punt heb ik bij dit boek ook meerdere keren bereikt.

Toch heb je het nu in je handen. Het is mij dus gelukt! Dat heeft twee redenen. Allereerst omdat de intrinsieke motivatie goed zit: dit boek moest en zou er komen. Ik wilde het heel graag. En ten tweede: ik heb hulp ingeschakeld.

Hulp vragen

Mettertijd heb ik geleerd om hulp te vragen als ik niet verder kom. Ook al is dat best een opgave, want daarmee geef ik toe dat ik het niet alleen kan. Vroeger was ik mij er niet zo van bewust dat hulp vragen ook de nadruk legt op een tekortkoming. Als je jong bent, wordt immers iedereen in meer of mindere mate wel geholpen. Genoeg kinderen voor wie de ouders bijvoorbeeld nog ontbijt maken. Maar nu ik volwassen ben kan hulp vragen soms ietwat ongemakkelijk aanvoelen. Zeker als het gaat om dingen die zo simpel zijn dat het bijna kinderachtig voelt dat het mij niet lukt. Zoals het eerdere voorbeeld van die brief op de post doen.

Schamen doe ik mij echter nooit. Ik weet dat als ik geen hulp vraag ik niet verder kom. Ik kan niet alles alleen, nagenoeg niemand kan dat. Alleen gaat het bij mij door mijn AD(H)D vaak om heel 'normale' processen. Zo wil ik nu al tijden in huis opruimen en heel wat items op Marktplaats zetten. Het proces stagneert bij mij al bij stap 1: het opmeten van de maten. Meteen gaat mijn hoofd aan de slag. Want waar tover ik een rolmaat vandaan? En wat als potentiële kopers vragen gaan stellen over de exacte maten die ik dus niet kan opmeten? En welk merk is dit eigenlijk? Ik vind het veel te ingewikkeld. Ik ervaar daardoor stress, onmacht en een gebrek aan overzicht, ik raak verlamd en doe niets.

Iets niet af kunnen maken of er überhaupt niet aan beginnen vind ik veel erger dan er toch komen met hulp. Soms is die hulp ook alleen maar een klein zetje in de rug. Een vriend of vriendin die met een rolmaat komt en samen met mij door de Marktplaats-advertentie loopt. Uiteindelijk doe ik dan toch veel zelf en dat aan het einde van de dag de advertentie op Marktplaats staat, voelt voor mij als een overwinning. Ik blijf dan achteraf ook niet hangen bij het punt dat ik daar hulp voor nodig heb gehad. Daar zou ik alleen maar mezelf mee hebben. En daarnaast, ik heb altijd de kracht van het team gezien. Ik vind het ook veel leuker om het samen te doen. Ik zie het niet als iets negatiefs. Hulp is iets wat ik met mijn AD(H)D nodig heb om tot mijn volle potentie te komen.

Ter verantwoording roepen

Maar mijn dreamteam is meer dan 'de mensen die ik bel als ik hulp nodig heb'. Ze zijn mijn stok achter de deur. Zij zorgen ervoor dat de basis goed zit. Zij zijn het die me bewust en onbewust ter verantwoording roepen. En van mijn dreamteam kan ik dat niet zo makkelijk naast me neerleggen. Over het algemeen hechten mensen veel waarde aan wat een ander vindt. En we willen al helemaal niet dat een geliefde of iemand die je hoog hebt zitten, minder over ons denkt. Dus als iemand van het dreamteam zegt 'Francien, dat kun je echt niet doen', dan komt dat wel binnen.

Zo heeft mijn omgeving mij bij het schrijven van dit boek continu laten weten dat ik de handdoek niet in de ring kon gooien. Dit boek is wat ik wilde en als ik nu zou opgeven zou ik mijn verantwoordelijkheid niet nemen en de betrokken partijen in de kou laten staan. Dat weet ik natuurlijk ook wel, maar ik heb, zoals je in het derde deel hebt kunnen lezen, de neiging om te vluchten als de verantwoordelijkheid mij te veel wordt. Bijvoorbeeld als ik begin te twijfelen aan mezelf en bang ben om te falen. In plaats van dan de confrontatie aan te gaan, ren ik weg.

Gelukkig kent mijn dreamteam mij door en door. Ook als ik niet zelf aan de bel trek, houden ze me tegen, herinneren mij eraan waarom ik hier ook alweer aan begonnen ben en zoeken naar een oplossing om weer verder te kunnen. Maar verontschuldigen hoef ik me nooit. Zij laten mij altijd in mijn waarde. Ze gaan de confrontatie aan waar nodig, maar we blijven gelijkwaardig. Ik ben in mijn leven vaak genoeg op een denigrerende toon op mijn vingers getikt. Maar met mijn dreamteam voelt het niet alsof ik terecht word gezet, maar meer alsof we een open gesprek hebben over wat er nu precies aan de hand is. Daardoor kan ik ook door en klap ik niet nog verder dicht. En vaak blijkt dan een gesprek, preek, of vragenvuur al genoeg om weer in beweging te komen.

Win-win

Misschien lijkt het nu alsof ik niets zelf kan. Dat is zeker niet zo! Ik kan echt wel wat. Ik ben er door de jaren heen door schade en schande achter gekomen waar ik goed in ben. Het belangrijkste inzicht is dat ik niet ver van mijn eigenschappen en 'eigenaardigheden' af moet gaan. Mijn 'imperfecties' (zoals een ongekend energielevel en de hele dag door nieuwe impulsen) hebben mij juist heel ver gebracht. Het is niet voor niets dat ik een drietal succesvolle bedrijven heb (gehad), drie boeken heb geschreven en dat ik lesgeef, #opschepper. Maar mijn dreamteam moet mij daar soms wel aan herinneren, op mijn onzekere momenten wanneer ik ben vergeten waar ik goed in ben en niet zeker weet of ik überhaupt wel iets kan. En ook daar heeft mijn dreamteam geen moeite mee. Ze gaan net zo makkelijk van standje 'streng en rechtvaardig' naar de rol van 'cheerleader'.

Toch kan ik niet voorkomen dat er soms een speler uit het team gewisseld wordt omdat ik overvraag. Dat vind ik zelf ook heel frustrerend. Maar het is niet zo dat de hulp maar van een kant komt. Ik help op mijn beurt mijn dreamteam zo veel mogelijk en ga voor ze door het vuur. Ik ben heel goed in het herkennen van talenten van anderen en ze samenbrengen op de juiste plekken. Zo heb ik vrienden aan banen geholpen bij Nike en adidas, help ik veel van mijn ondernemersvrienden aan de juiste contacten en leads, geef ik gratis de beste marketingideeën weg, ben ik een veelgevraagde oppas en gebruik ik mijn netwerk en platformen graag om anderen een kans te geven. Zo helpen we elkaar. Mijn dreamteam en ik zijn een win-winsituatie.

Genoeg geanalyseerd. Ik stel mijn dreamteam graag aan jullie voor. Inclusief de shit die ik door hen op orde krijg.

***Dreamteamspeler 1:* Het dreamteam voor het dreamteam – mijn familie**
***Helpen bij:* alles**

Ik ben *one lucky* AD(H)D'er met mijn familie. Mijn ouders hebben altijd gezien en geloofd dat ik dingen net zo goed kan als ieder ander, ondanks het feit dat ik die op mijn geheel eigen wijze doe. En ook al heb ik wat fouten gemaakt, ze hebben die nooit veroordeeld, maar steeds gezien als wijze lessen. Zij hebben er altijd voor gezorgd dat ik mijn shit op orde had. En dan bedoel ik niet dat ze alles voor me regelden. Maar door mij subtiel te dwingen iets te proberen of te doen. Niet op een nare manier, maar gewoon door in mij te geloven. Zij geloofden dat ik tot alles in staat was – misschien nog wel meer dan ikzelf. Waar ik wilde afhaken omdat ik er niets van begreep, pushten mijn ouders mij om door te gaan en niet op te geven. Ze wisten dat dingen soms langer konden duren, maar dat maakte niets uit. Ze stonden erop dat ik gewoon door zou gaan: 'Jij kunt dit ook!'

Zo had ik zonder hun support en subtiele dwang hier en daar nooit leren autorijden. Mijn rijbewijs halen heeft me ontzettend veel moeite en stress gekost. Ik vond bepaalde handelingen compleet onlogisch, bijvoorbeeld schakelen en dan tegelijkertijd de koppeling indrukken. Inderdaad, ik was misschien geschikter geweest voor een automaat in plaats van een schakelbak. Zeker gezien mijn gebrek aan motorische coördinatie. Maar door het te blijven proberen, kreeg ik het onder de knie en ging ik uiteindelijk als een tierelier. Nu ben ik blij dat ik heb doorgezet, want ik heb enorm veel plezier van mijn rijbewijs. En wat maakt het uit dat het net iets langer duurde voordat ik het kon?

Nu ik ouder ben en zelf meer verantwoordelijkheden heb, zijn mijn ouders en mijn broers en schoonzussen er nog steeds om mij te helpen en toe te juichen. Alle uitdagingen van het volwassen leven ga ik door de steun van mijn familie met iets meer vertrouwen tegemoet. Maar bij volwassenheid hoort op eigen benen staan. In de loop der jaren heb ik mijn dreamteam dus moeten uitbreiden om ervoor te zorgen dat mijn shit op orde bleef.

***Dreamteamspeler 2:* Budgetcoach Corine – (van Budgetcoach West)**
***Helpt bij:* financiën**

Al meer dan tien jaar zorgt Corine ervoor dat ik financieel fit en zonder schulden door het leven ga. Mijn geldzaken op orde houden is met mijn AD(H)D een heel lastig punt, want ik ben impulsief en kan niet altijd een even goede inschatting maken van wat belangrijk is. Omdat geld voor mij zo'n ding is, ga ik daar in het volgende hoofdstuk uitgebreid op in en geef ik alle ins en outs over waarom Corine essentieel voor mij is.

***Dreamteamspeler 3:* Personal planner (Via-)Anne**
***Helpt bij:* planning**

Ik haat de backoffice die komt kijken bij het hebben van een eigen bedrijf. Daarvoor heb je structuur nodig en laat AD(H)D dat nou net een tikje uitdagender maken. Daarom heb ik een personal planner. Anne heet ze. Anne helpt bij het aanschrijven van nieuwe klanten en het maken en up-to-date houden van mijn website. Daarnaast is ze gespecialiseerd in het begeleiden van mensen met AD(H)D en zorgt ze er ook voor dat ik alle zakelijke dingen tot in de puntjes afrond. Loop ik vast, dan helpt ze mij het proces te doorzien en kan ik weer verder. Vaak is dat een hele opluchting. Zou ik Anne niet hebben, dan weet ik zeker dat ik door het gebrek aan overzicht van alles zou vergeten en er ook weinig ruimte in mijn hoofd zou zijn voor nieuwe ideeën. Door Anne kan ik me focussen op waar ik goed in ben en dat levert mij uiteindelijk business, en dus geld op.

Anne is overigens multifunctioneel en ook in te zetten voor structuur buiten het bedrijf. Zo wordt ze er enorm gelukkig van om dingen te (re)organiseren. Dus ook voor een rotzooikamer die hoognodig op orde moet worden gebracht, kan ik Anne bellen.

Met de hulp van Anne is het zowel zakelijk als privé, en daardoor in mijn hoofd, opgeruimd.

***Dreamteamspeler 4:* Psycholoog / coach (wisselende personen)**

***Helpt bij:* psyche**

Elke levensfase brengt weer andere uitdagingen met zich mee en als AD(H)D'er kom je jezelf dan regelmatig tegen. Dan is het fijn als je daarvoor een beroep kunt doen op een specialist of hulpverlener. Zelf ga ik niet pas naar een psycholoog als het al helemaal mis is. Sinds de officiële diagnose van mijn AD(H)D kom ik er juist op vaste basis, meestal één keer per maand. Ik voel daar geen enkele drempel voor, want ik vind het namelijk oprecht leuk en fijn om te kletsen met iemand die mij objectief probeert te laten kijken naar mijn eigen leven en de keuzes die ik maak. Het zorgt ervoor dat ik dicht bij mezelf blijf, dat ik (weer meer) op mezelf durf te vertrouwen en weet dat mijn mening ook telt. Een psycholoog geeft mij tevens inzicht in hoe mensen op mij reageren als ik bepaald gedrag vertoon of mijn verantwoordelijkheid niet neem – en dat helpt dan weer bij het wederzijds begrip. Ook dat is voor mij heel waardevol in mijn interactie met mensen.

Dreamteamspeler 5: Belastingadviseur Martin (Wijtten Administratie Consultancy)
Helpt bij: blauwe brieven

Martin en ik kunnen elkaar niet altijd goed verstaan. Ik praat veel te snel en hij praat lichtelijk binnensmonds. En dus onderhouden we vooral contact via de app en mail. Als ondernemer heb ik behoorlijk vaak grote aanslagen te betalen. Geen verkeerd iets, want dat betekent dat de zaken goed gaan, maar toch doen die blauwe enveloppen pijn en snap ik negen van de tien keer niet wat er in de brieven staat, of wat er precies bedoeld wordt. Mijn AD(H)D-ik zou ze dan ook liever helemaal negeren. Maar dat kan niet en dus heb ik Martin die dat per direct voor me oplost en betaalregelingen treft als dat nodig is. Hij gaat ook graag op zoek naar manieren om de kosten te drukken en hij schakelt met mijn budgetcoach. Hierdoor heb ik altijd het idee dat ik alles wat betreft financiën onder controle heb. Een hele geruststelling.

Dreamteamspeler 6: Coauteur Marloes
Helpt bij: gedachten verwoorden in boek

Een AD(H)D'er laten opschrijven hoe AD(H)D precies werkt, dat is best lastig. Alleen zou mij dat niet lukken. En dus heb ik vanaf het eerste moment Marloes erbij gehaald. Marloes schrijft wat ik denk of ze laat mij schrijven wat ik bedoel en voel. Ze bevraagt mijn soms overvolle hoofd en vogelt samen met me uit wat ik nou echt wil zeggen. Daardoor kan ik mijn gedachten ordenen en komen die als een lopend verhaal op papier. En o ja, ze doet ook nog het gehele projectmanagement (deadlines bewaken, proactief aan de bel trekken als ik geen actie onderneem) en roept mij ter verantwoording als ik niet aanlever. Kortom, ze is de beste schrijfster (en coauteur) die ik ken. Ik loop dan ook als een ware pooier met haar te koop bij mijn zakelijke contacten.

***Dreamteamspeler 7:* Mondhygiëniste Anne en tandarts Lieske (tandartsenpraktijk Liem-Michael)**
***Helpen bij:* tanden**
Ik snap dat dit misschien een onverwachte dreamteamspeler is. Maar een verzorgd uiterlijk lukt mij door mijn AD(H)D niet altijd even goed. Ik doe alles te snel, vind het te veel gedoe, ben afgeleid of vergeet het überhaupt. Ik ben een volwassen vrouw met een baan en dus is het belangrijk dat ik er representatief uitzie. Dus heb ik mijn dreamteam uitgebreid met een beautytak. Te starten met mijn gebit. Want als ik ergens slecht in ben, dan is het tandenpoetsen. Ik doe het netjes twee keer op een dag, alleen ben ik er met mijn gedachten totaal niet bij. Welkom bij de dromerige kant van mijn AD(H)D. Het komt vaak voor dat ik zo afdwaal dat ik drie minuten alleen de linker onderzijde heb staan poetsen, om vervolgens de overige tandpasta uit te spugen... en klaar is Kees! Tanden stoken sla ik helemaal over. Eveneens te veel moeite. Tel daarbij op dat ik lange tijd een grootverbruiker was van suiker, in het bijzonder van Coca-Cola Zero (ik ben inmiddels afgekickt), en dat de AD(H)D-medicatie die ik in bepaalde periodes slik ervoor zorgt dat mijn kaken en dus mijn tanden 's nachts stevig op elkaar worden gedrukt (dat zou heel makkelijk met een bitje opgelost kunnen worden, maar dan moet je wel zin hebben om dat 's nachts te dragen), met

tandenknarsen tot gevolg. Hallo slijtage van de tanden!

Om al dit tandgeweld proactief tegen te gaan heb ik elke drie maanden een afspraak bij de mondhygiëniste en elke zes maanden bij de tandarts. Allemaal bij dezelfde praktijk. Zonder hen zouden er geen tanden meer in mijn mond staan. Ze kennen mij daar inmiddels goed en zijn proactief als het aankomt op het maken van een afspraak en mij aan die afspraak herinneren. Iets wat door mijn AD(H)D lastig kan zijn ('Ik bel binnenkort nog wel voor een nieuwe afspraak', en dan nooit meer komen). En ook al word ik keer op keer toegesproken door de mondhygiëniste en tandarts over het feit dat ik mijn gebit echt beter moet verzorgen, ik laat het gaan. Ik ben me bewust van de gevolgen. Het laten verwijderen van tandplak en tandsteen voelt inmiddels als een tweede natuur. Wie mooi wil zijn, moet pijn lijden.

***Dreamteamspeler 8:* Kapper Aret also known as Hairmonk**
***Helpt bij:* haar**

In het verleden kreeg ik regelmatig de opmerking dat ik er nogal verwilderd uitzag. Inmiddels is dat minder, want met dank aan diverse beautybloggers ben ik haar en make-up doen leuk gaan vinden, en dat helpt. Maar in de tijd daarvoor ging ik vaak zonder make-up de deur uit, inclusief wild haar. Met mijn vaak afwezige en snelle gekam zorg ik er ook voor dat mijn haar gemakkelijk afbreekt. Dat resulteert in allemaal korte afgebroken plukjes aan de voorzijde van mijn hoofd. En ik krijg al dat haar maar niet onder controle. Althans, niet in mijn eentje.

Maar met hulp van mijn vaste kapper Aret voorkom ik die verwilderde en onverzorgde look. Ik moet wel drie uur bij hem in de stoel zitten om de hele boel te laten knippen en kleuren. Maar gelukkig straalt de salon rust uit en staat Aret er in zijn eentje, en is het er dus ook écht heel rustig. Voor mij is het een fijn rustmomentje en als Aret klaar met me is, zie ik eruit om door een ringetje te halen. Ik heb gemerkt dat hoe verzorgder mijn haar zit, hoe serieuzer ik word genomen. Het kost wat, maar dan heb je ook zeker wat!

***Dreamteamspeler 9:* Vrienden**
***Helpen bij:* vertrouwen**

En tot slot mijn vrienden. Inmiddels heb ik heel wat mensen om mij heen verzameld die me niet alleen helpen bij het maken van keuzes en me in hun huis de ruimte bieden om even bij te komen van mijzelf, maar die me ook helpen bij zaken die ik zelf niet helemaal goed kan overzien. Het zijn stuk voor stuk mensen die ik 100% vertrouw. Ze zijn voor mij een luisterend oor: het zijn de vrienden bij wie ik helemaal open kan zijn en rustig mijn keuzes kan afwegen. Deze mensen bel ik als ik weer eens ergens zonder saldo sta en mijn budgetcoach niet opneemt. Ook zijn ze mijn verhuizers, mijn kartrekkers, mijn vaste logeeradressen, de mensen die er even rustig met mij voor gaan zitten als ik iets niet begrijp, mijn partners in crime, mijn redders, mijn adviseurs, mijn stressballetjes en mijn cheerleaders.

Judith, Wilco, Annika, Mark, Annieka, Niels, Anne, René, Linda, Erik, Britt, Arco, Fieke, Siem, Margriet, Debbie, Bregje,

Rachida, Roel, Annemijn, Stijn, Marlies, Roos, Daphne, Thijs, Kees, Carla, Jip, Tim, Sandra, Arend, Rick, Bregje, Chris, Anne, Debbie, Sietse, Charlotte, Valerie, Paul, Nienke, Lenny, Anja, Marloes, Ruud, Jelmer, Dennis, Dannis, Wouter, Nicole, Alfer, Lennart: ik prijs mij heel gelukkig met jullie! Zonder jullie zou ik werkelijk waar nergens zijn.

Dreamteam *for the win*

Wat ik met dit hoofd stuk zeggen wil, is dat het heel fijn is als je een dreamteam om je heen bouwt met mensen en diensten waarop je kunt terugvallen in voor- en tegenspoed. Mijn dreamteam heeft mij gered en/of juist zien shinen. Zonder deze mensen zou ik nooit zijn waar ik nu ben. Ik voel mij terwijl ik dit schrijf in balans en geliefd (en mijn haar zit goed!) – en alles is voor nu op de rit. Dat ik af en toe dreig af te dwalen wordt vaak voorkomen door deze mensen. En als ik toch te maken krijg met donkere gedachten, dan zijn zij vaak het lichtpunt of de reden om op te staan. Dat is een enorm prettige gedachte! AD(H)D of niet, ik kan iedereen een dreamteam aanraden.

HOOFD STUK

Geldwolf

Over geld, impulsiviteit, budgetcoaches en deurmatten met zebraprint

‘Save money and money will save you.’

– unknown

Ik zal het maar gewoon eerlijk zeggen: ik ben verslaafd aan geld uitgeven op impuls. Schijnen meer AD(H)D'ers last van te hebben. Dat is een vrij groot probleem, want geld heb je wel degelijk nodig in deze wereld. Huur, eten, auto, je telefoon: het moet allemaal betaald worden. En dan is impulsief thuiskomen met zoiets als een zebradeurmat nog wel geinig, maar als je je geld opmaakt aan dingen als een Woolrich-jas ter waarde van € 779,- (gescoord voor € 510,- – dat dan weer wel) omdat je daar toevallig op stuitte via dat verdomde Instagram, dan wordt het een pittige maand...

Verslaafd

Het is iets wat groter is dan ik. Ik wil het niet. Of, nou ja, ik wil het eigenlijk wel. Maar eigenlijk ook weer niet. Een lastig verhaal dus. Als het op geld aankomt, kun je mij het best vergelijken met een verslaafde. Het is óf nooit meer aanraken, óf bij de eerste aanraking het spreekwoordelijke hek van de dam. Iets ertussenin bestaat voor mij niet. Ik heb een prima inkomen nu, maar dat is ook gelijk een valkuil. Zoals The Notorious B.I.G. ook wel zei: '*Mo Money Mo Problems*.' Dat beschrijft redelijk goed mijn relatie met geld.

Maar weet je: heroïne kun je wel afzweren, als je eraan verslaafd was. Maar met geld uitgeven lukt dat niet: onder zo nu en dan iets moeten kopen, kom je gewoon niet uit. Tenzij je accepteert dat je de rest van je leven doet met alleen de spullen die je nu hebt. Maar dat is niet helemaal mijn ding. Stel je voor: een leven zonder wc-papier! Alhoewel, ik zie zo'n

Japans toilet met een lauwwarme waterstraal, muziekjes en lichtjes voor mijn billen best zitten. Googel vooral even op 'Het Japans toilet' van (Samson &) Gert Verhulst. Maar even alle gekheid op een toiletbril: geen geld uitgeven is onhaalbaar. Dat wil ik ook niet. Maar ik wil ook niet rood staan, schulden krijgen en daarover stressen. Ik was me er dus al vrij snel in mijn volwassen leven van bewust dat dit iets was waar ik een oplossing voor moest vinden.

Een voorbeeldje

Voor iedereen die nu denkt: ik koop ook weleens iets impulsief, er hangt namelijk al maanden een jurk ongedragen met het kaartje er nog aan in de kast... Dat is niet helemaal het impulsief kopen waar ik op doel. Zoiets zou niet zo'n punt zijn. Hoe gaat dat dan wel bij mij? Ik schets hieronder een situatie die op kleinere schaal regelmatig plaatsvindt (in de vorm van geld op mijn rekening of in mijn portemonnee). Voor de gelegenheid kies ik voor een grote hoeveelheid geld, want dan snap je pas dat het bedrag niet uitmaakt en dat geld uitgeven volgens mijn neurologisch atypische brein gewoon echt de enige optie is.

Gaston Starreveld van de Nationale Postcode Loterij staat voor mijn deur: 'Francien, gefeliciteerd! Er staat NU € 10.000,- op jouw betaalrekening! Wat ga je daarmee doen?'

Francien: 'Wow. Dat is echt megaveel geld! Ik ga denk

ik eerst iets leuks voor mezelf kopen en de rest zet ik op een spaarrekening.'

Bedankt Gaston, doet de deur dicht en checkt even haar telefoon.

Hé! De nieuwe Apple AirPods Pro zijn ein-de-lijk uit! Die moet ik hebben.

Vergeet dat ze al een paar 'gewone' earpods heeft.

Kosten: € 289,00
Over: € 9.711,00

De rest van het geld ga ik NU op mijn spaarrekening zetten. Ik bel meteen mijn budgetcoach om dat te regelen.

Budgetcoach neemt niet op.

Die Tibi peplum top staat wel al heel lang op mijn verlanglijst. Die stond zo cool bij die ene YouTuber... Ik doe het gewoon. Ik verdien prima en ik heb net een smak geld gekregen, dus ik kan mij dit permitteren. En geld moet rollen, nietwaar?

Kosten: € 500,00
Over: € 9.211,00

Budgetcoach appt dat ze in een afspraak zit en over een uur terugbelt tenzij het dringend is.

Ik heb een nieuw brilleke nodig. Die is al jaren semikaduuk en een bril met maar één pootje blijkt toch niet zo handig.

Scrolt door de webshop van Ace & Tate en kiest een bril met een groot, dik zwart montuur inclusief blue light filter.

Zie je wel dat ik ook geld kan uitgeven aan praktische dingen die ik écht nodig heb. Schouderklopje voor mijzelf. #overwinning

Kosten: € 118,00
Over: € 9.093,00

Ziet een gesponsorde advertentie voor schoenen.

Ik kan nu eindelijk die Jimmy Choo Mavis 85 knee-high leather boots kopen! Nee, wacht. Denk na, Francien. Ga ik die wel dragen? Waarschijnlijk niet. Dit is ongetwijfeld een gevalletje 'kijken, kopen, niet lopen', want ze lopen waarschijnlijk voor geen meter. Maar wat maakt het uit. Ik heb ze nodig, net als water en brood. Zonder kan ik niet leven. Ze zijn zo mooi. En ik heb na deze aankoop nog steeds ruim zevenduizend euro over, dus waarom niet?

Kosten: € 1.250,00
Over: € 7.843,00

Er volgt een eurekamoment.

Wat ben ik toch ook een intens slim kind! Ik ga van die transparante IKEA-Samlabakken (57x39x42 cm/ 65 l) met deksel kopen. Ik neem er twintig. Daar kan ik dan al mijn spullen in stoppen. Dat maakt mijn leven een stuk overzichtelijker en als ik dan weer eens een IKEA-moment heb en wil verhuizen, hoef ik niets in te pakken. Koppiekoppie!

Kosten: € 159,80
Over: € 7.683,20

Is budgetcoach nu echt helemaal vergeten.

Laat ik ook meteen een retourtje Kaapstad kopen. Ik vlieg er toch ieder jaar naartoe. Ik neem er meteen twee, want ik heb net geld gewonnen, dus dan kan ik wel iemand meenemen op mijn kosten. Ik trakteer! Wel duur, maar ik verblijf daar toch bij mijn surrogaatouders, dus eenmaal daar geef ik weer weinig uit. Kijk mij kostentechnisch bezig zijn dan!

Kosten: € 1.686,80
Over: € 5.996,40

Inmiddels het huis uit en in een willekeurige winkel.

Even een 5-pack Stimorol kauwgom original meepakken, mijn favo. Dit is het moment om in te slaan.

Kosten: € 2,29
Over: € 5.994,11

Weer thuis en op het internet.

Toen ik mijn eigen bedrijf opstartte had ik naast bedrijfsdoelen drie materialistische einddoelen opgesteld:
- Hairextensions (maar dan niet ordinair)
- Een Chanel-tas (wederom, maar dan niet ordinair)
- Een loopband (is niet ordinair)
Na vandaag heb ik dus gewoon alle drie mijn doelen bereikt, want ik heb net de MyRun Technogym®-loopband gekocht. Meid, wat ga je lekker!

Kosten: € 3.250,00
Over: € 2.744,11

Loopt naar de keuken voor een glas water. Neemt een slok en kijkt naar schoenen.

Het is tijd voor echte Chanel-slingbacks. Die waren altijd te duur, maar vandaag is het anders. Want ik heb € 10.000,- gekregen! Ze passen ook perfect bij mijn Chanel-tas. Sterker nog, ik heb ze nodig om mijn Chanel-tas helemaal af te maken.

Kosten: € 750,00
Over: € 1.994,11

Moeder belt.

Weet je wat, ik koop een iPhone voor mijn moeder. Dan kan ze ein-de-lijk fatsoenlijk facetimen met haar kleinkind, en met mijn nichtje, die in de VS woont. En omdat ze mijn moeder is, moet ze natuurlijk het beste van het beste krijgen, dus geen tweedehands onding, maar de allernieuwste.

Kosten: € 1.429,00
Over: € 565,11

Gaat weer terug naar de Chanel-website.

Ik was nog niet klaar met Chanel. Ik was de Chanel Beige eau de parfum vergeten. Ooit geroken in Parijs en die geur is mij nooit meer ontgaan.

Kosten: € 320,00
Over: € 245,11

Ligt op bed met boek .

Op rechts ligt *A Million Little Pieces* van James Frey, en links *My Friend Leonard*. Zulke mooie boeken! Laat ik meteen *Bright Shiny Morning* van diezelfde schrijver bestellen. Hoe duur is een boek nou? Dat kan er nog wel vanaf.

Kosten: € 13,99
Over: € 231,12

Legt boek weg en komt er weer lekker in.

Als ik nou een duurdere zonnebril koop, dan ga ik er vast voorzichtiger mee om. Ik heb altijd al een zonnebril van Céline willen hebben. Doe die maar dan. Ik ga voor de CL4009IN.

Kosten: € 320,00
Over: - € 88,88

Budgetcoach belt...

Zo. We zijn 47 minuten en 23 seconden verder en al het geld is weg... Alsof ik een escaperoom in mijn eentje heb uitgespeeld én ook nog binnen de tijd. Maar met strafpunten, want ik ben zelfs over het budget gegaan! Hoera? Je zou nog kunnen zeggen: maar allemaal leuke dingen gekocht, toch?! Dat is waar, maar hierbij wat er vervolgens meestal een dag later gebeurt:

Ik kijk op de teller van mijn leaseauto: 39.457 kilometer. Ik mag maar tot de 40.000. K*T. Het is nu januari en ik heb een leasecontract tot 22 mei. Dan pas kan ik mijn auto weer inleveren en tot die tijd moet ik dus 'Koos Autoloos' door het leven. SHIT, SHIT! PANIEK! Ik had een auto moeten kopen voor dat geld. Ik ben echt een sukkel. 'Ga het dan allemaal ruilen!' zeggen mijn vrienden. Mijn antwoord daarop? Geen zin in, te veel gedoe. En dus pas ik mij per direct aan. Dan maar op mijn nieuwe Jimmy Choo-laarzen, in mijn Tibi-top, met AirPods met noise cancellation de trein in voor de rest van het jaar. Welkom in mijn hoofd, mensen, waar niets logisch is en alles kan.

Nu denkt er vast een aantal van jullie: joh, dat zou je zo niet doen als je écht € 10.000,- zou krijgen! Of misschien denk je wel: als ik € 10.000,- zou winnen, zou ik het ook meteen uitgeven! Maar het probleem is dat het bij mij niet alleen zou gebeuren als ik geld win. Of ik nou € 10,- in mijn zak heb of € 10.000,- op mijn bankrekening: het gaat op. Mijn smaak is duur, maar even voor de duidelijkheid: ik kan mij dat helemaal niet permitteren. Vooral omdat sparen niet tot mijn mogelijkheden behoort. Ik geef (en leef) vooral op de korte termijn uit. Mijn brein kijkt niet verder dan mijn neus lang is. Het kijkt op impuls of is, beter gezegd, zintuiggestuurd. Alsof mijn zintuigen een directe lijn hebben met mijn uitgeefbrein: 'Hallo, je spreekt met Zicht. Ik zie hier een Ferrero Rocher chocoladehart liggen in de Lidl, neem je het voor me mee? Het ziet er zo lekker uit.'

En vervolgens kom ik dus thuis met Ferrero Rocher, want mijn hersenen handelen direct en tekenen nooit bezwaar aan.

Less is more

Het gekke is trouwens: die kleine impulsaankopen maken mij niet eens echt gelukkig. Ik vind die spullen over het algemeen één dag leuk. En daarna is het vooral een overvloed aan spullen die mentaal en fysiek (denk)ruimte innemen en uiteindelijk in zo'n IKEA-Samlabak mét deksel belanden (die waren dus niet fictief, die heb ik echt thuis liggen). Noem het mijn transparante museum van spullen die ik wel bezit, maar niet gebruik. En die bij een verhuizing vaak als grabbelton dienen voor familie en vrienden; 'ALTIJD PRIJS!'

Vaak zie ik de humor van de situatie ook wel in. Maar aan de andere kant is het ook zo dat door mijn geld op te maken aan die kleine impulsaankopen, ik mijn langetermijnwensaankopen, zoals een huis of een auto, enorm in de weg sta. En natuurlijk zou ik, nu ik ouder word, die langetermijnaankopen veel liever willen. Ik heb dan wel AD(H)D, maar ook AD(H)D'ers worden ouder en willen zich settelen.

Tegenwoordig verdien ik goed, maar eigenlijk was ik gelukkiger toen ik minder verdiende bij aanvang van mijn eerste eigen bedrijf. Ik moest toen harder werken voor wat ik echt wilde hebben en beter nadenken of ik mij een uitgave wel kon permitteren. Dat gaf minder opties en daardoor meer rust. 'Less is more' hoor je niet zo vaak als het op geld aankomt, maar ik denk dat die quote voor mij in combinatie met geld toch zeker opgaat.

Insert: de budgetcoach

Een paar jaar geleden uitte ik mijn zorgen over mijn financiële situatie aan een vriendin die in de schuldhulpsanering werkt en dus dagelijks met zeer moeilijke gevallen te maken krijgt. Ik vroeg haar om hulp. Het leek haar niet verstandig als zij mijn geldzaken ging beheren, maar ze kon me wel helpen een budgetcoach te vinden.

Uiteindelijk vonden we er een op het internet. Ik nam contact op en er volgde een intakegesprek. Ik had gelijk een goed gevoel bij mijn toekomstige budgetcoach. Ze was streng, maar oordeelde niet. Ze was aardig en ook gecertificeerd. We maakten een overzicht van mijn inkomsten en uitgaven. Op basis daarvan besloten we in samenspraak dat er een beheerrekening (voor mijn loon en afschrijving van vaste lasten) en een betaalrekening (bedoeld voor zakgeld en leefgeld) zou komen. Ik zou enkel toegang tot de betaalrekening krijgen, inclusief een vast budget. De beheerrekening werd de verantwoordelijkheid van mijn budgetcoach. Zo doen we het sinds 2010. Met een vast bedrag per maand word ik proactief beschermd tegen mijzelf als het aankomt op geld uitgeven.

Mijn budgetcoach is mijn beste investering ooit, want door haar ben ik nu wat ze noemen 'financieel fit'. Ik krijg iedere maandag tankgeld en iedere donderdag leefgeld, dat ik uitgeef aan boodschappen, leuke dingen doen en cadeaus (ik heb een grote sociale kring). Zodra mijn leefgeld gestort is, meestal voor zeven uur 's ochtends, brandt het haast door mijn hand heen: wat gaan we kopen? Dat is iedere week dus weer een bevestiging dat een budgetcoach een goed idee was.

Is dat wel verstandig?

Uit voorzorg heb ik geen internetbankieren, want dan vliegt het sowieso per direct alle kanten (hallo webwinkels) op, behalve de juiste. Gevolg is dat ik bij iedere grote aankoop dus eerst een beroep moet doen op mijn budgetcoach. Zij is de vrouw met de ING-scanner en maakt niet zomaar geld over. Heb ik het wel nodig? Kan ik het überhaupt wel betalen? Met dat soort vragen maakt ze het mij steeds lastiger om impulsief te kopen en dat is precies het doel.

Mijn budgetcoach en ik appen met elkaar. Terugkerend thema in onze appconversaties? Vliegtickets. Laatst nog, ik wilde last minute naar Kaapstad vliegen om daar aan dit boek te werken. Dat gesprek verliep als volgt:

Francien: 'Ik heb een vraag.'

Francien: 'Ik wil misschien volgende week naar Kaapstad vliegen, omdat ik op nieuwe AD(H)D-medicatie word gezet, waarvan de bijwerkingen niet heel prettig zijn. Alleen weet ik niet of mijn huidige saldo dat toelaat, vanwege die aanslag van de Belastingdienst. Ik heb in ieder geval genoeg zakelijke klussen in het verschiet liggen.'

Budgetcoach: 'Is het noodzakelijk om naar Kaapstad te vliegen? Dit omdat je pas naar Curaçao bent geweest? Is het noodzakelijk voor je werk? Is het verstandig om dit nu te doen?'

Francien: 'Ik zou er in feite ook in januari heen kunnen. Zou dat (financieel) slimmer zijn?'

Francien: 'Ik til het dan wel naar januari.'

Francien: 'Bedankt voor je goede vragen.'

Budgetcoach: 'Lijkt me slim. Dan weten we ook of die zakelijke klussen zijn doorgegaan, of je dan daadwerkelijk een hoger saldo op de bank hebt staan en hoe de nabije toekomst er dan weer voor staat.'

Ik durf ondertussen eigenlijk niet goed te zeggen dat ik alsnog heel graag wil gaan. En dus gaat mijn brein op zoek naar een andere oplossing.

Francien: 'Ben ik weer! Wil je mij zo even terugbellen als je tijd hebt?'

Budgetcoach: 'Bel je over een halfuurtje.'

Francien: 'Top!'

Francien: 'Betaalverzoekjes via Tikkie: € 750,00 "Ticket voor Kaapstad"'

Francien: 'Betaalverzoekjes via Tikkie: € 50,56 "Restant ticket Kaapstad"'

WHAT JUST HAPPENED?! vraag je je misschien af. Een halfuur later heb ik de budgetcoach aan de telefoon en leg ik haar uit dat ik toch naar Kaapstad ga en dat mijn moeder het ticket heeft voorgeschoten. Ze oordeelt niet. Ze geeft advies, beheert mijn rekening, maar ik blijf nog altijd eindverantwoordelijk. Wil ik iets, dan kan ze dat niet tegenhouden. Die middag worden de twee Tikkies voldaan vanaf mijn beheerrekening. Een stevig bedrag, maar de meeste van mijn uitgeefimpulsen worden gesaboteerd door het wekelijkse budget en de kritische vragen van mijn budgetcoach. En het is niet zo dat als ik mijn wekelijkse budget op heb gemaakt, ik dan gewoon nog een keer weekbudget laat storten. Nee, dan eet ik gewoon een paar dagen noedels. Daardoor heb ik nu wel een buffer opgebouwd en kan ik deze impulsieve Kaapstad-actie financieren. Gelukkig, want ik had daar voordat ik mijn moeder een bericht stuurde niet per se over nagedacht. Ik wilde gewoon naar Kaapstad...

Kijk, ik ben natuurlijk heel blij dat ik naar Kaapstad kan en ga, maar daarvoor heb ik het advies van mijn budgetcoach dus wel in de wind geslagen. Dat voelt niet heel fijn. Bij dit soort incidenten volgt vaak een stevig gesprek tussen de budgetcoach en mij. Waarin zij mij een spiegel voorhoudt en laat inzien dat ik wellicht een uitgave te ver ben gegaan, en wat dit soort keuzes mogelijkerwijs voor gevolgen (het verspelen van buffers bijvoorbeeld) hebben. Zo'n gesprek met haar neem ik zeker niet licht, dus maak ik de periode na zo'n actie vrijwel altijd een financiële pas op de plaats.

Er bestaan trouwens ook AD(H)D'ers die extreem goed met geld om kunnen gaan. Dat mag ook gezegd worden. Bijvoorbeeld omdat ze dat van huis uit mee hebben gekregen. Of omdat ze zichzelf een verbloemstrategie hebben aangeleerd om mee te kunnen draaien in de maatschappij en zich bewust zijn van de gevaren en gevolgen die niet met geld om kunnen gaan met zich meebrengt (zoals in mijn geval: hallo budgetcoach).

Echte cijfers en statistieken over geldproblemen en AD(H)D zijn er niet. Ze worden door specialistische hulpverleners wel mogelijk toegeschreven aan het feit dat veel AD(H)D'ers lager opgeleid zijn vanwege hun AD(H)D (in mijn geval bullshit), een grotere verslavingsgevoeligheid hebben, impulsiever zijn en niet de noodzaak voelen of zien om dingen op tijd te betalen.[1] En daar zit wel wat in. Het is een bekend symptoom van AD(H)D om op sommige vlakken geen rem te hebben en niet altijd even goed te zijn in het overzien van de gevolgen van het gedrag. Niet echt een goede basis voor je geldzaken. Het is niet voor niets dat ik de laatste jaren de bewindvoerders en gecertificeerde budgetcoaches die zich specialiseren in het begeleiden en/of beheren van de financiële zaken voor AD(H)D'ers, als paddenstoelen uit de grond heb zien schieten. Ondanks het feit dat ik hier en daar nog weleens een impulsieve terugval heb, zijn mijn impulsieve aankopen veel minder. Voor deze AD(H)D'er werkt deze budgetcoachstrategie dus perfect.

GELDTIPS VAN DÉ BUDGETCOACH

Budgetcoachtip 1:

Zet rood staan uit zodra dit mogelijk is.

Stel: je hebt een roodstand van vijfhonderd euro en je vindt het lastig om die af te lossen. Spaar dan eerst op een aparte rekening (waar je niet gemakkelijk aan kunt komen) vijfhonderd euro (of iets meer). Los daarna je roodstand in één keer af en zeg dan de roodstandmogelijkheid direct op, zodat je er geen gebruik meer van kunt maken en je jezelf daarmee beschermt.

Budgetcoachtip 2:

Kies voor een gecertificeerde budgetcoach.

Een budgetcoach dient gecertificeerd te zijn. Deze persoon krijgt – met jouw toestemming – inzage en zeggenschap over jouw inkomen, dus let goed op! Er zijn gevallen bekend waarin men werd opgelicht door iemand die zich online voordeed als budgetcoach. Verricht dus goed vooronderzoek, voordat je met een budgetcoach in zee gaat.

Budgetcoachtip 3:

Open je binnengekomen rekeningen gewoon!

Open die (blauwe) envelop in plaats van je verzameling (blauwe) ongeopende enveloppen te verstoppen en te doen alsof ze niet bestaan. Rekeningen gaan niet vanzelf weg naarmate ze langer ongeopend blijven. Voorkom erger door de envelop gewoon meteen open te maken en direct te betalen. Dan ben je ervanaf.

Budgetcoachtip 4:
Praat over je geldprobleem met iemand die je vertrouwt.
Praat erover. In je omgeving zijn veel meer mensen – met en zonder AD(H)D – dan jij denkt die in de geldproblemen zitten, maar die zich schamen en er daarom niet over durven praten. Waardoor het probleem blijft bestaan en alleen maar groter en duurder wordt. Het is juist megastoer en dapper als je de eerste stap naar de oplossing zet. Dus ga ervoor en wacht niet langer.

Budgetcoachtip 5:
Creditcardschulden zijn er om afgelost te worden.
Zorg ervoor dat je je creditcard aflost, het liefst zo snel mogelijk. Meestal wordt namelijk zo'n 15% rente in rekening gebracht en dat is een pittig bedrag op de maandelijkse betaling die je doet. Daardoor los je daadwerkelijk veel minder af. Knip in ieder geval je creditcard alvast door zodat je hem niet meer kunt gebruiken. Toch een creditcard nodig? Ga voor een prepaid creditcard van Revolut. Net als bij een prepaid telefoonabonnement kan hier enkel geld op gezet worden. Dus je kunt niet uitgeven wat je niet hebt. Alleen het bedrag dat er van tevoren op gezet

is. Een prima oplossing voor bijvoorbeeld een trip naar het buitenland.

Budgetcoachtip 6:
Minimaliseer de consumeer-prikkels.
We worden overal en altijd aangezet tot kopen. Maar er zijn wel degelijk een aantal dingen die je kunt doen om de verleiding te minimaliseren. Installeer bijvoorbeeld een *adblocker* op je computer of smartphone, zodat je minder advertenties ziet. Of neem geen abonnement op aanbiedingen die je via de mail ontvangt. Koopjes die je niet ziet, kun je ook niet mislopen.

1. Hulten, van M. (2019, 4 juni). Volwassenen met ADHD: 'Had ik dit veertig jaar geleden maar geweten'. *Algemeen Dagblad*. Geraadpleegd in mei 2020, van https://www.ad.nl/binnenland/volwassenen-met-adhd-had-ik-dit-veertig-jaar-geleden-maar-geweten~a0320e9a/

AD(H)D-expert Cathelijne Wildervanck over het meeste uit je AD(H)D halen

Een van de eerste vragen die ik stel als ik iemand coach is: wat is er leuk aan jou? Wat maakt jou bijzonder? Veel mensen kunnen daar geen antwoord op geven, omdat ze het niet weten. En dat is ook niet zo gek, want als je als kind vaak 'afgerekend' bent op jouw superpower, dan leer je die vanzelf wel af. Kort door de bocht misschien, maar wel vaak waar. Kinderen met AD(H)D hebben eigenschappen, talenten, die door volwassenen niet zo gewaardeerd worden en in hokjes worden weggezet als bijdehand, brutaal en eigenwijs. Maar diezelfde eigenschappen blijken op latere leeftijd vaak geweldig handig te zijn, deuren te openen en gewaardeerd te worden. Erg verwarrend.

We kijken zo snel naar wat we niet zijn. Niemand is een 'superman', een alleskunner. We hebben allemaal onze eigen talenten met daartegenover dingen waar we minder goed in zijn. Daarom vind ik 'dreamteam' ook zo'n goed gevonden concept van Francien. Het baseert zich op het kennen van je talenten en zwaktes en voor jezelf een omgeving creëren waarin je kunt floreren. Het zorgt ervoor dat je je kunt focussen op waar je goed in bent en niet hoeft te stressen over of je shit wel op orde is.

En is je shit wel op orde, maar weet je eigenlijk niet wat dat unieke talent van jou is? Misschien ben je dan te veel bezig geweest je 'beperkingen' proberen op te lossen of verborgen te houden voor de wereld. Dat kost bakken met energie. Energie die je ook kunt besteden aan waar je écht goed in bent en blij van wordt. Misschien ben je niet zo'n negen-tot-vijfmens, maar komen jouw beste ideeën juist om tien uur 's avonds. Hoe kun je je leven dan zo inrichten dat je daar profijt van hebt, in plaats van steeds maar te proberen die negen-tot-vijf'er te zijn? Of misschien ben je helemaal niet zo sociaal en werk je graag in afzondering in je eigen bubbel. Dan is het wellicht een idee om niet te kiezen voor een werkplek waar je met heel veel mensen moet samenwerken. En ga zo maar door. Richt je je op je talenten of op je tekortkomingen? Dat is de kernvraag.

Een truc die veel mensen helpt hun unieke kwaliteiten weer terug te vinden is: ga eens terug naar toen je een jaar of drie, vier was. Waar werd je toen het meest blij van? Vaak komen er dan weggestopte eigenschappen terug. Bijvoorbeeld: ik werd zo blij van dromen, of van mensen helpen, of van sporten, of van iedereen met elkaar verbinden of van koekjes bakken en kleuren. Die kinderdingen hebben een volwassen equivalent. Dus hoe komt het dat je zo blij werd van sporten? Waarom vond je koekjes bakken zo leuk? Wat gebeurde er als je aan het dromen was? Vaak kom je dan uit op dingen als: creatief zijn, doorzetten, me verbonden voelen met andere mensen, et cetera. En zo ontdek je wat jou drijft, wat jou blij maakt.

'Ja, maar van dat soort vage kwaliteiten raakt mijn huis niet opgeruimd en kan ik mijn rekeningen niet betalen!' Daar heb je op zich gelijk in. Maar... op het moment dat jij je meer bewust bent van je eigen unieke superpowers, vindt er ook iets leuks in je brein plaats. Wat je aandacht geeft groeit en dat is echt zo. Jouw stemming stuurt de celvorming in je hersenen aan. Als jij bepaalde stemmingen (enthousiasme, plezier, liefde et cetera) vaak voelt, dan wordt je brein daar ook beter in. Ons brein is namelijk lui en doet het liefst gewoon nog wat vaker wat het al het vaakst doet. Dus voel je stress en onrust? Dan krijg je een in stress en onrust gespecialiseerd brein. Andersom kan ook: als je veel plezier en enthousiasme voelt, is het brein daarin ook gespecialiseerd.

Hoe je brein denkt en voelt heeft weer invloed op die emmer waar we in deel 1 mee begonnen: hoe minder stress, onzekerheid en gedoe er in je emmer zit, hoe meer ruimte er is om dingen te doen die je wilt doen, moet doen, kunt doen. En misschien zijn dat dingen die je net even anders wilt doen dan anderen – maar superpowers breken graag door heilige muurtjes heen. Het is de kunst om daar, net als Francien, van te genieten.

Tot slot

Over hoe AD(H)D mijn superkracht is

‘No one is you and that is your superpower.’

– *Dave Grohl*

Onlangs zag ik een video waarin zeven vierjarigen werd gevraagd om op de atletiekbaan te hordelopen. Wat opviel is dat ieder kind een eigen manier had om die horde te nemen. De één klom eroverheen, de ander kroop eronderdoor, weer een ander stootte de horde om en stapte er vervolgens overheen, en de laatste sprong er vol tegenaan, viel over de horde en liep daarna door. De normale manier van hordelopen was niet zo populair, maar feit was dat iedereen uiteindelijk over de horde kwam.

Bij kinderen wordt een afwijkend plan van aanpak vaak nog wel geaccepteerd. Dan vinden mensen het ergens ook nog wel grappig. Maar naarmate je ouder wordt verandert dat. Dan wordt er van je verwacht dat je de meest correcte, normale manier kiest. En dat terwijl er veel meer mogelijkheden zijn om bij je doel te komen.

Ik denk dat dit een horde (ik blijf even in het thema) is waar veel AD(H)D'ers tegenaan lopen. AD(H)D'ers worden te vaak afgekeurd, niet gezien of overgeslagen, omdat ze afwijken van de norm. Maar wie bepaalt die norm? Wie bepaalt wat goed of slecht is? Ik pleit voor een wereld waarin iedereen de vrijheid of juist de kaders krijgt om te mogen experimenteren. Ontdekken en doen wat voor jou werkt. Dat is toch niet meer dan normaal?

Inmiddels zie ik in dat alle 'symptomen' van mijn AD(H)D ook mijn kwaliteiten zijn, die me juist heel ver hebben gebracht. Omdat ik meer dan alles hoop dat door dit boek meer AD(H)D'ers zo gaan denken, deel ik graag de vijf stappen die voor mij het verschil maken in het denken in mogelijkheden in plaats van beperkingen.

Stap 1. Omring je met mensen die niet geloven in normaal versus niet-normaal

Zou het niet mooi zijn als ik mijn verbloemtechnieken in de prullenbak kon gooien? Dat ik gewoon mezelf kan zijn en wat wel en niet normaal is buiten beschouwing kan laten? Stap 1 daarnaartoe is me omringen met mensen die daar ook in geloven. Je hebt in dit boek vaak kunnen lezen dat ik moeite heb met werk. Op dit moment ervaar ik die struggles nog steeds, maar zit ik wel op de juiste plek. Zo zei mijn huidige directeur (bedankt, Paul) onlangs over mij tijdens een beoordelingsgesprek: 'Je bent hier binnengehaald om wie je bent. Dus doe en blijf doen waar jij goed in bent, namelijk anders durven zijn dan de rest.' Hij gelooft net als ik dat iedereens 'abnormaal' juist een superpower is. Dat voelt voor mij als een enorme steun in de rug. We zitten in hetzelfde team. En dat gevoel is juist met de onzekerheid die ik door mijn AD(H)D ervaar, extra belangrijk.

Stap 2. Geloof in jezelf

De realiteit van anders-zijn, is dat je vaker 'nee' te horen krijgt. 'Nee' komt veel harder aan dan 'ja'. Daar kun je je door laten verslaan. Maar je kunt er ook voor kiezen om juist door te zetten, alleen dan op jouw manier. De momenten waarop ik excelleerde, hadden altijd te maken met een afwijzing. Ik wilde verkering, maar in plaats daarvan vloog een foto van mijn tieten het internet over alsof het niets was. Pijnlijk, maar op die pijn bouwde ik een compleet imperium, met boeken en een lesprogramma. Om de pijn een plek te geven liep ik dagelijks hard en dat zette mij aan tot het creëren van Nederlands eerste sportblog. Maak mij kapot, wijs mij af. Ik leer ervan en kom keihard terug op een moment waarop niemand het verwacht. En het maakt niet uit of daar één dag voor nodig is, of tien jaar. Het punt is, ik kom altijd sterker terug. Maar daarvoor moet je wel in jezelf geloven.

Als ik naar mijn AD(H)D-vrienden kijk, dan zijn ze stuk voor stuk extreem goed in één iets. Maar er echt in excelleren – dat kunnen ze pas als ze inzien dat dit is waarvoor ze zijn gemaakt en dat ze daar niet te veel en te ver van af moeten wijken. Om daar te komen is echter wel een omslagpunt nodig. Dat is het punt waarop je niet meer alleen je beperkingen ziet, maar oog krijgt voor je kwaliteiten. Het is afgaan op je gevoel, ongeacht wat een ander daarvan vindt. Pas als je durft en leert te vertrouwen op waar alleen jij toe in staat bent, komt dat moment. Hulp daarbij kan geen kwaad, maar uiteindelijk kan alleen jij het doen en voelen. En iedereen heeft een talent, dat is zeker. Maak jezelf niet wijs dat je niets kan.

Stap 3. Accepteer

En soms zijn er dagen waarop mijn superpowers ver te zoeken zijn en ik vooral last heb van mijn AD(H)D-zelf. Dan is het fijn om, net als bij een flinke griep, een stap terug te kunnen doen van het leven en gewoon thuis te blijven om even lekker ‘uit te zieken’. Mij als het ware ‘mentaal ziek te melden’. Dit zou in Nederland prima ingevoerd mogen worden, als je het mij vraagt. Klinkt misschien overdreven, maar de meeste mensen weten niet wat er allemaal in mijn AD(H)D-hoofd gebeurt. (Jij hebt inmiddels al vijf delen van dit boek gelezen, dus jij begrijpt ondertussen wel wat meer.) Want ook al is mijn AD(H)D waarneembaar door bijvoorbeeld mijn snelle manier van praten, 90% van mijn AD(H)D speelt zich vanbinnen af en slechts 10% aan de buitenzijde. Het wordt niet beschouwd als een handicap, want daarvoor vindt men het niet zichtbaar of ernstig genoeg. Maar het is wel degelijk een belemmering. Ik heb ermee leren omgaan en heb het, voor zover dat gaat, leren verbloemen. Maar intern veroorzaakt dat vaak wel veel stress. Die niet zichtbaar is, maar voor mij wel voelbaar en dat maakt functioneren soms onmogelijk.

Soms zou ik willen dat de effecten van mijn AD(H)D zichtbaarder zijn voor anderen, zodat zij begrijpen dat het niet altijd gaat. Ik zeg niet dat iemand met een fysieke handicap het makkelijker heeft. Alleen is het logischer om daar maatregelen voor te treffen. Komt iemand in een rolstoel niet over een drempel heen, dan is het normaal om direct te hulp te schieten – of er gewoon voor te zorgen dat die drempel er überhaupt niet is. Ook voor een topsporter die met een blessure op de bank zit, is alle begrip. Maar als mijn 'hoofd' intern geblesseerd is, verwachten mensen van mij dat ik gewoon door blijf gaan. Er ontstaat dan niet opeens een stip op mijn hoofd of zo. Dus ze hebben niet door dat ik eigenlijk ook op die bank hoor te zitten. En er komt pas hulp als ik aangeef dat ik dat nodig heb. Maar precies dát is nog weleens een puntje.

Hoe extreem fijn zou het dan zijn als ik naast vakantiedagen en adv-dagen ook één of twee 'mentale ziekmelddagen' zou kunnen krijgen per kwartaal? Dagen waarop ik enkel als reden hoef op te geven dat ik 'mentaal ziek' ben. En als ik er geen gebruik van maak, is er ook niets aan de hand. Zoiets geeft het signaal dat mijn diagnose serieus wordt genomen, dat er begrip voor is en alleen al de wetenschap dat de optie van mentaal ziek melden bestaat, zou mij al ademruimte geven. Dat de maatschappij het accepteert, zou ervoor zorgen dat ik dat zelf ook beter kan. Met tot gevolg dat ik sneller aan de bel zou trekken in plaats van al mijn energie te stoppen in bijblijven en verbloemen.

En niet alleen voor mensen met een gedragsziekte zoals ik zou dit een goed idee zijn. Want hebben we allemaal niet weleens een dagje dat het mentaal tegenzit? Ik geef les op middelbare scholen en nog nooit is mentale problematiek zo aanwezig geweest als nu. Denk aan gedragsziektes, maar ook depressies en burn-outs. De druk die op tieners ligt is enorm hoog met de komst van dingen als sociale media. Zo is je populariteit te meten, zichtbaar af te lezen en te vergelijken. Alles is met een druk op de knop voor handen, er wordt minder bewogen en de verwachtingen (het schoonheidsideaal, prestatiedruk) zijn hoog. Die dingen tezamen maken het leven sowieso mentaal zwaarder, gedragsziekte of niet. Meer acceptatie en aandacht voor de mentale gesteldheid is daarom wat mij betreft echt nodig.

Stap 4. Geef aan wat je nodig hebt

Ik heb het voordeel dat ik (sociaal) intelligent ben, maar daardoor word ik ook in mijn werkzaamheden en verantwoordelijkheden juist makkelijk overschat. Ik krijg dan vaak te veel verschillende taken met veel verschillende processen toegewezen. Met als resultaat: hinder in opzet en uitvoer. Ik zou eigenlijk beter af zijn met één heel duidelijke taak en kaders waarbinnen dit gedaan dient te worden. Maar net als iedereen wil ook ik de uitdaging aangaan en probeer ik mezelf te pushen om verder te komen. Dat kan en lukt dan ook wel, maar ik kom wel met een handleiding. Die ik zelf kenbaar moet maken. Mijn collega's (inclusief de manager en directie) weten nu bijvoorbeeld dat ik het rond 15.00 uur even zwaar heb en dat een korte powernap van twaalf minuten wonderen doet voor mijn hoofd. Dat is helemaal oké, ik word daar niet op afgerekend. Nu is dat ook weleens anders geweest en ik weet dat heel veel AD(H)D'ers hier moeite mee hebben. Maar probeer toch open te zijn over wat je nodig hebt om goed te kunnen functioneren. Wie weet sleep je er wel een prikkelvrije ruimte op je kantoor uit! Uiteindelijk komen we samen verder. Met een beetje ondersteuning komen AD(H)D'ers al een heel eind en gaan ze groeien en bloeien in plaats van dat ze uitvallen. En dat laatste zou zonde zijn voor deze groep met zo veel potentie.

Stap 5. Maak gebruik van je superpower

Want potentie hebben wij AD(H)D'ers zeker! Heel vaak is het behoorlijk irritant en vermoeiend dat ik bij alles meteen een associatie in mijn hoofd krijg, maar het heeft ook een hoop mooie ideeën voortgebracht. Ideeën waar een ander zonder

AD(H)D-brein waarschijnlijk niet op was gekomen. Zoals een boek schrijven met de titel #DRUKS.

Ik hoor vaak van mede-AD(H)D'ers dat ze de mooiste, leukste of meest briljante ideeën hebben, maar dat ze lang niet altijd overgaan tot uitvoer, omdat het simpelweg zo veel ideeën zijn. Ik ken dat gevoel heel goed. Want waar moet je dan in vredesnaam beginnen? Nou, gewoon door ze op te schrijven! Als mij iets geniaals te binnen schiet zet ik het gelijk in mijn telefoon, want vergeten ligt altijd op de loer. Helemaal als je snel afgeleid bent.

Nog beter en liever teken ik het idee uit in mijn notitieblokje dat ik hier speciaal voor heb gereserveerd. Dit boek staat er ook in getekend, inclusief de cover – die nu daadwerkelijk is zoals ik deze had bedacht. De uitgetekende en opgeschreven ideeën (plaatje plus praatje) in mijn notitieblokje vormen een soort moodboard van dingen die ik wil bereiken.

Mocht je net als ik beschikken over deze gave en de hele dag door nieuwe ideeën hebben, gebruik dan vanaf nu je telefoon of je notitieblokje en zorg er zo voor dat al die genialiteit niet verloren gaat. En ga ermee aan de slag! Houd je ideeën niet voor jezelf, maar deel ze met de wereld. Doe het op jouw manier en vraag waar nodig om hulp. Bij ideeën is het juist goed om anders te denken. 'Normale' mensen proberen alles om dat stukje van hun brein aan te zetten (andere routes naar het werk nemen, brainstorms met stiften en post-its in verschillende kleuren en geen vaste werkplekken), maar wij AD(H)D'ers hoeven alleen maar ons bed uit te komen. Doe er je voordeel mee!

Einde verhaal

Ik wil maar één ding voor iedereen met AD(H)D, en dat is floreren. Kunnen vertrouwen op je eigen gevoel en je eigen kunnen. Nee durven zeggen, je eigen koers durven varen. Je hoeft niet in een situatie te blijven waarbij instortingsgevaar dreigt. Het is geen falen als iets niet voor je werkt. Zie het als iets goeds dat je het hebt geprobeerd en probeer vervolgens iets anders. Vertrouw erop dat het goed komt. En dat kan alleen als je bij jezelf blijft.

Ik heb veel te lang geluisterd naar andere mensen van wie ik dacht dat zij het beter wisten. Dat liet ik zelf toe, maar ik ben zo veel leuker als ik me door mijzelf laat leiden. Natuurlijk gaat het soms helemaal verkeerd, maar het gaat veel vaker goed.

En gelukkig gaan mijn superkrachten niet weg omdat iemand anders erop is gaan staan. Superkrachten wachten namelijk altijd geduldig totdat jij eraan toe bent om ze in al hun hevigheid naar buiten te laten. En al moet ik drieduizend keer opnieuw beginnen met iets, uiteindelijk kom ik precies waar ik zijn moet. Omdat ik ik ben. Dus fuck al die verbloemtechnieken. De afgelopen 278 pagina's draaien uiteindelijk om jezelf durven zijn.

Laat je daarom niets anders wijsmaken. Wees jezelf. En als dat niet past binnen de huidige systemen waarin je verwacht wordt te functioneren, trek dan gewoon je eigen plan. De 'Think different'-slogan van Apple in 1997 is daar een mooi voorbeeld van. Apple, Steve Jobs in het bijzonder, maakte in deze commercial duidelijk dat wie wil innoveren en inspireren anders zal moeten denken én doen. Dus durf te vertrouwen op wat je hart je ingeeft en stap uit je comfortzone. Doe druk, doe onrustig, doe rustig, doe stil, maar doe vooral jezelf en ga ongestoord je gang!

'Here's to the crazy ones, the misfits, the rebels, the troublemakers, the round pegs in the square holes... the ones who see things differently — they're not fond of rules... You can quote them, disagree with them, glorify or vilify them, but the only thing you can't do is ignore them because they change things... they push the human race forward, and while some may see them as the crazy ones, we see genius, because the ones who are crazy enough to think that they can change the world, are the ones who do.'

– 'Think different'-commercial, 1997

Dankwoord

You've (and I) made it to the end. High five!

Ik moet eerlijk zeggen dat dit boek een behoorlijke bevalling was, maar dat ik heel blij ben met het eindresultaat. Dit boek is het gevolg van een bijzonder ingewikkeld proces. En het is me gelukt! Stap voor stap zou ik niet willen zeggen, maar het is gelukt. En daarmee heb ik wederom het bewijs dat ik alles kan en meer. Ook al gaan die processen bij mij niet altijd helemaal vlekkeloos.

Omdat ik weet hoeveel werk het is om een boek te schrijven wil ik graag een aantal andere boeken een podium geven. Het zijn boeken waar ik heel veel aan heb gehad in mijn zoektocht naar het zijn van mijzelf:

- *ADHD: hoe haal je het uít je hoofd* (van niemand minder dan Cathelijne Wildervanck)
- *Maar je ziet er helemaal niet autistisch uit* (van Bianca Toeps, die ook mijn cover schoot)
- *Anders gaat ook* (van mijn Belgische 'lotgenoot' Elise Cordaro)
- *Autonomie* (van Jelmer de Boer)
- *Atomic Habits* (van James Clear)
- *Confettiregen* (van Splinter Chabot)
- *The Obstacle is the Way* (van Ryan Holiday)
- *Structuurjunkie-planner* (van Cynthia Schultz)

Ik heb natuurlijk al in het boek nagenoeg mijn hele dreamteam aan je voorgesteld. Maar een aantal verdienen nog een extra shout-out, want als je ergens (samen) werk in stopt krijgt het waarde. En zo voelt het ook.

Myrthe, Linda, Fleur, Lotte, dank voor jullie vertrouwen en ondersteuning. Ik kan mijn geen betere uitgeverij wensen.

Cathelijne, jouw enthousiasme en positieve vibe zijn aanstekelijk! Heerlijk hoe jij het beste in mij en hopelijk ook in de lezers naar boven haalt.

Dannis (& Joep), dank dat je mee wilde zwoegen op hoofd stukken die best ingewikkeld waren om te schrijven. De open-minded gesprekken die hieruit voortvloeiden zullen mij altijd bijblijven.

Marloes, zoals je weet omring ik mij graag met mensen die iets nog beter kunnen dan ik. Jij bent een geweldige schrijfster die tijdens het schrijven van dit boek niet aan één, maar aan drie boeken tegelijk werkte. Ik weet zeker, dit is pas het begin. Ik ben zo blij en ook ontroerd dat jij met mij mee wilde schrijven. Ik ben extreem trots op dit boek, met dank aan jou!

Een speciale shout-out naar Wij zijn MIND. Deze stichting doet er alles aan om psychische problemen te voorkomen en mensen die hiermee te maken hebben te ondersteunen. Dit doen zij door informatie te bieden, onderzoek te doen, projecten uit te voeren en actie te voeren. Ik volg hen al jaren op de voet en ben enorm onder de indruk van de positieve aandacht die zij voor mensen zoals ik genereren. Dus dank daarvoor en keep up the good work! Ik hoop dat ik met dit boek ook mijn steentje kan bijdragen.

En tot slot, lieve lezer. Dank dat je mijn boek gelezen hebt. Ik ben zo nieuwsgierig naar wat je ervan vond en wat jouw verhaal is als het gaat over AD(H)D! Laat het mij zeker weten via een review, Instagram @francienregelink of via de mail: hello@francienregelink.nl. En vergeet niet, ook jij hebt een superpower. *Whatever it may be! Let it out.*

Als ervaringsdeskundige geef ik ook lezingen over AD(H)D en bezoek ik middelbare scholen om te praten over shamesexting. Ik doe het graag en krijg er energie van, dus mail me (hello@francienregelink.nl) of stuur een DM (@francienregelink) als je interesse hebt!

Ook in deze serie

Maar je ziet er helemaal niet autistisch uit

Autisme; da's toch dat je heel snel lucifers kunt tellen, en weet dat 7 augustus 1984 op een dinsdag viel? Nou... Nee. Bianca Toeps legt in haar boek *Maar je ziet er helemaal niet autistisch uit* haarfijn uit wat het wél betekent als je autisme hebt.

Op een frisse en luchtige manier beschrijft Bianca Toeps de verschillende situaties waar iemand met autisme tegenaan loopt in het dagelijks leven. Daarnaast geeft ze tips: waarom je iemand met autisme beter kunt mailen, wat je doet als iemand je liever niet aankijkt en vooral: waarom het geen compliment is als je zegt: 'maar je ziet er helemaal niet autistisch uit!'

Ook in deze serie

Gevalletje borderline

Borderline. We zeggen allemaal weleens dat iemand het heeft, maar wat ís het precies? In dit boek legt Kathelijn Hulshof het in klare, rake zinnen uit.

Gevalletje borderline is een emotioneel, aangrijpend boek over borderline en hoe het is om ermee te leven. Het is een rauw verhaal over het ontstaan van deze stoornis, de diagnose, de verschillende therapieën die er zijn en welke invloed het heeft op je omgeving. Kathelijn verweeft haar eigen ervaring met de medische en psychische aspecten.

Ook in deze serie

Een steekje los

Fris afgestudeerd psycholoog Iris ter Haar begint vol goede moed aan haar carrière als ondernemer. Voor de buitenwereld lijkt alles haar goed af te gaan, maar ongemerkt wordt haar wereld kleiner en kleiner, tot ze haar huis niet meer uit durft. Als bezigheidstherapie borduurt ze zich de blaren op de vingers terwijl ze op een wachtlijst staat voor een psycholoog.

In dit boek vertelt ze op luchtige wijze hoe het is om opgeslokt te raken door angsten tot je jezelf verliest. Maar ook hoe ze de draad weer oppakt. Inclusief handige lijstjes met wat je kunt doen als je een paniekaanval hebt, hoe je een wachtlijst doorkomt en de wetenschap achter angststoornissen.